爱财有道

公职人员刑事法律风险防范

姚建彪 著

目 录

第一章　看清红线：法律上的罪名

第一节　受贿犯罪

◉受贿罪

受贿罪是指国家工作人员利用职务上的便利，索取他人财物并达到一定数额，或者非法收受他人财物达到一定数额，并为他人谋取利益的行为。

受贿罪侵犯的是国家工作人员职务行为的廉洁性及公私财物的所有权。因此，受贿罪侵犯的是“双重”客体，既损害了国家机关及其工作人员的形象、声誉，同时也侵犯了一定的财产关系。任何国家对其工作人员，均要求其保持高度的清廉性，不允许国家工作人员贪赃枉法，以保证国家机关的威信和社会民众对其的信赖，这是法律设置受贿罪的主要目的。至于财产所有权的侵犯，不是本罪打击的主要对象。除了“索贿”以外，其他受贿行为一般表现为行贿人的“自愿性”——自愿将财物的所有权“让渡”给国家工作人员。由于这种财物所有权的“让渡”具有非法性，尽管授受双方出于自愿，也是法律所不允许的。

受贿罪在主观方面表现为故意，而这种故意又表现为两个方面，即对财物收受或索取的故意。如果系索取财物，自然是故意。如果系收受财物，则一定要表现为明知、故意，也即知道自己在收受他人给予的财物;不明知收受财物,则不构成受贿罪。

受贿犯罪的构成,必须具备以下几个特征。

利用职务上的便利

行贿人之所以要送受贿人财物,看中的是受贿人手中的权力。这种权力,可以为行贿人带来利益;这种权力,与受贿人的职务有着必然的联系。如果离开职务,就无法行使相应的权力,也就无法为行贿人谋取利益。因此,受贿人"利用职务上的便利",或者说"利用职权",是受贿罪的一个基本特征。反之,即使受贿人为他人谋取了利益,也收受了他人的财物,只要没有"利用职务上的便利",则不构成受贿罪。因此,是否利用职务上的便利,往往成为受贿的罪与非罪的焦点。

为他人谋取利益

这是受贿罪的另一个特征。如果受贿人收受了贿赂,为他人谋取了利益,对其他竞争对象来说就显得不公平。这是一个竞争秩序的问题。一个社会的政治秩序、经济秩序,均需要公平公正。如果因为行贿受贿,竞争的秩序混乱,对于一个国家来说,很可能会走向动荡。因此,国家不允许有特殊的、无秩序的竞争。

同时,为他人谋取的这种利益,并不要求是"不正当利益"。换句话说,只要受贿者收受了他人财物,不管为他人谋取的是"正当利益"还是"不正当利益",均可构成受贿罪。

比如说,某局长收受了一个包工头的财物,该局长就替这个包工头说话:"原定的工程款应当提前支付。"这就是为他人谋取了"不正当利益",自然属于"为他人谋取利益"。反之,某局长收受了一个包工头的财物,该局长就替这个包工头说话:"原定的工程款应当按照合同约定的时间支付，不要违约推迟。”这看似按照合同约定办事，讲究契约精神，也是国家法治精神要求的。这个时候，该局长为包工头谋取的是“正当利益”，但依照法律规定，这个局长的行为照样可以构成受贿罪。

讲到这里，不得不提行贿罪中也有“谋取利益”的构成要件，但行贿罪与受贿罪对于这个要件的要求是不同的。

对于受贿罪来说，不管谋取的是“正当利益”还是“不正当利益”，均可构成受贿罪。

但对于行贿罪来说，则不一样。行贿罪的要求是为了谋取“不正当利益”，如果行贿人行贿是为了谋取“正当利益”，则不构成行贿罪。

举例来说，包工头为了提前取得工程款而向局长行贿，则可以构成行贿罪；如果包工头为了“按照合同约定的时间”取得工程款，为了避免发包方违约拖延支付而贿赂局长，这个时候，这个包工头不构成行贿罪，因为包工头谋取的是“正当利益”。当然，这个局长的行为还是可能构成受贿罪的。

此处涉及的“利益”是多方面的，不仅指经济上，也可以是人事上、文化上的，还可以是其他方面，比如为了工作调动、为了职位升迁等等。因此，法律没有将此“利益”表述为“为了谋取经济上的利益”“为他人谋取经济上的利益”。

收受财物，并达到一定数额

受贿罪的目的是非法占有公私财物，最终的结果落实到取得财物上，在客观方面表现为利用职务便利索取他人财物，或为他人谋取利益非法收受他人财物。但收受的财物必须达到一定的数额，才能够算受贿罪。如果收受的财物仅价值一两百元，即使为利用职务便利，为他人谋取了利益，也不会构成受贿罪。因其财物价值太少，不至于上升到受贿犯罪。

那么，收受多少价值的财物才会达到刑事犯罪的程度呢？

分为两种情况：

第一，在一般情况下。

1. 受贿数额达3万元，是刑事犯罪的数额起点。

2. 受贿数额在3万～20万元的，处3年以下有期徒刑或拘役，并处罚金。

3. 受贿数额在20万～300万元的，处3～10年有期徒刑，并处罚金或没收财产。

4. 受贿数额在300万元以上的，处10年以上有期徒刑、无期徒刑或死刑，并处罚金或没收财产。

第二，在特殊情况下。

前文已述，受贿罪侵犯的是国家工作人员的廉洁性与公私财物的所有权。既如此，受贿数额不是该犯罪唯一的定罪量刑的依据。要认定一个行为是否犯罪，还要看受贿财物与国家社会的关系，以及该受贿行为给国家社会带来的影响。

因此，在某些特定的环境下，虽然受贿数额未达3万元，但如果达到了1万元，也可以构成犯罪；同样的道理，虽然受贿数额未达300万元，但如果达到了150万元，也可判处10年以上有期徒刑。这些特殊情形是：

（一）多次索贿的；

（二）为他人谋取不正当利益，致使公共财产、国家和人民利益遭受损失的；

（三）为他人谋取职务提拔、调整的。

不构成受贿罪，并不等于无罪

这里要注意，收受的财物价值太低，不构成“受贿罪”，但并不等于不构成“犯罪”。如果受贿人利用职务上的便利，为他人谋取了利益，尽管收受的财物价值太低，但如果造成其他损失或危害结果，也可以构成其他犯罪，比如滥用职权罪、玩忽职守罪、徇私枉法罪等等。

是“职务”“劳务”还是“技术服务”？

准确区分是利用“职务”还是提供“劳务”或“技术服务”是正确把握罪与非罪的关键。笔者认为，可以从最高法院关于在国有单位如何区分“公务”和“劳务”“技术服务”的一个准司法解释的文件中受到启发。最高人民法院《关于印发〈全国法院审理经济犯罪案件工作座谈会纪要〉的通知》（法〔2003〕167号）中指出：“从事公务，是指代表国家机关、国有公司、企业、事业单位、人民团体等履行组织、领导、监督、管理等职责。公务主要表现为与职权相联系的公共事务以及监督、管理国有财产的职务活动。如国家机关工作人员依法履行职责，国有公司的董事、经理、监事、会计、出纳人员等管理、监督国有财产等活动，属于从事公务。那些不具备职权内容的劳务活动、技术服务工作，如售货员、售票员等所从事的工作，一般不认为是公务。”

需要说明的问题

1. 本文所引用的定罪量刑依据已为最新，即根据《刑法修正案（九）》及2016年4月18日公布的最高法院司法解释。

2. 原定罪量刑起点是5000元，现为3万元（特殊情况1万元）。

3. 原受贿10万元以上处10年以上有期徒刑，现受贿300万元以上处10年以上有期徒刑(特殊情况150万元)。

4. 定罪量刑数额的提高，是根据社会经济发展调整的结果。根据相关人士的解释，定罪量刑数额由原先的5000元提高至3万元，主要是根据CPI的涨幅，这似乎能够理解。但10年以上的量刑数额从原先的10万元提高至300万元，其间30倍的涨幅，似乎无法用CPI来解释，如此提高量刑起点，幅度是否大了点？

◎单位受贿罪

上文中，笔者阐述了个人犯受贿罪的情形。按现行法律的规定，除了个人可以犯受贿罪外，有些单位也可以犯受贿罪。这就是《刑法》所规定的“单位受贿罪”。

有眼尖的读者可能已经发现，笔者在此用的是“有些”单位也可以犯受贿罪。也就是说，一些具备“资格”的单位，如果符合受贿犯罪的条件，即可以构成“单位受贿罪”。

那么，哪些单位具备犯“单位受贿罪”的资格呢？

有资格“享受”该罪名的单位有：国家机关、国有公司、企业、事业单位、人民团体。

除此以外，其他单位没有资格“享受”此罪名。也就是说，该罪是“特殊主体”的罪名。讲得通俗一点，就是吃“皇粮”的单位可以犯此罪。那么，有读者可能就要问了：其他的单位如果受贿，犯不犯罪呢？这个问题问得很好，估计有不少读者也比较关心这个问题。

不吃“皇粮”的单位，其行为不会构成“单位受贿罪”

由于“单位受贿罪”有特殊的资格要求，故其他的不吃“皇粮”

的、非国有性质的单位，即使收受贿赂，也不构成该罪。

同时，根据“罪刑法定”原则，研究《刑法》规定，笔者发现非国有性质的单位收受“贿赂”，似乎还找不到对应的罪名。

“单位受贿罪”中，哪些人要承担刑事责任？

单位，要被判处罚金；

单位内直接负责的主管人员和其他直接责任人员，要被判处刑罚。

单位受贿罪与(个人)受贿罪之间的区别

(1)主体不同

个人受贿罪的主体是自然人，即国家工作人员，包括“以国家工作人员论”的人员——国有公司、企业、事业单位、人民团体中从事公务的人员和国家机关、国有公司、企业、事业单位委派到非国有公司、企业、事业单位、社会团体从事公务的人员及其他依照法律从事公务的人员。

单位受贿罪的主体为国家机关、国有公司、企业、事业单位、人民团体。当然，其直接负责的主管人员和直接责任人也是要承担刑事责任的。

(2)具备要件不同

个人受贿罪中，行为人索取他人财物不以为他人谋取利益为必要要件。

而在单位受贿罪中，无论是索取他人财物还是非法收受他人财物，均以为他人谋取利益为要件。

关于这一点，笔者难以理解，有许多学者也理解不了：为什么在个人受贿罪中“索贿”即构罪，不需要“为他人谋取利益”，而在单位受贿罪中"索贿"的构罪却要以"为他人谋取利益"为条件？两者均为"受贿"犯罪,无非一个是个人犯罪,一个是单位犯罪,除此以外应当没有别的区别,构罪的条件理应相同。但《刑法》条文关于两个罪名的表述是不一样的：

> 第三百八十五条　【受贿罪】国家工作人员……,索取他人财物的,或者非法收受他人财物,为他人谋取利益的,是受贿罪。
>
> 第三百八十七条　【单位受贿罪】国家机关……,索取、非法收受他人财物,为他人谋取利益……

如此,单位受贿罪的"索贿"与"收受贿赂"的适用条件一样:均要"为他人谋取利益"。

(3)情节要求不同

个人受贿罪不以"情节严重"为要件,但单位受贿罪必须以"情节严重"为要件,单位情节较轻的受贿行为不能认定为犯罪。

(4)财物归属不同

个人受贿罪是个人中饱私囊,将索取或者非法收受的他人财物归个人所有。单位受贿罪是将贿赂收归本单位占有。当然,这里还要区别"单位受贿罪"与单位有关人员共同受贿的"个人受贿罪"。如果一笔钱以单位的名义收进来,被单位的几个领导分掉,这个时候,这种受贿很可能构成共同的"个人受贿罪"或"私分国有资产罪",而不是构成"单位受贿罪"。

(5)量刑轻重不同。

单位受贿罪情形中的自然人虽然要被判处刑罚,但相对个人受贿罪的刑罚要轻得多:单位受贿罪中自然人如果要承担刑事责任，一般处5年以下有期徒刑或者拘役；个人受贿罪中承担刑事责任的最高刑可以达到死刑。

立案标准

立案标准也就是法条所要求的“情节严重”，包括以下情况。

（一）单位受贿数额在10万元以上的。

（二）单位受贿数额不满10万元，但具有下列情形之一的：

1. 故意刁难、要挟有关单位、个人，造成恶劣影响的；

2. 强行索取财物的；

3. 致使国家或者社会利益遭受重大损失的。

处罚

（一）对单位判处罚金；

（二）对其直接负责的主管人员和其他直接责任人员，处5年以下有期徒刑或者拘役。

需要说明的问题

国有机关、国有公司、企业、事业单位、人民团体在账外暗中收受各种名义的回扣、手续费的，才能视为非法行为。反之，上述单位接受折扣，在账中明列，并不能以单位受贿罪论处。

也就是说，国有单位接收他人的“回扣”也好，“手续费”也好，“优惠”也好，要进入单位“公家”的账，要“账内明示”，以证明这是“单位”的收入，且是“合法”的收入。

要证明是“单位的”，可能比较容易；但要证明是“合法的”，可能就比较难，尤其当这种行为发生在“国有企业”中时。

因为国家机关履行职责为企业、公民办理事务是应当的，不能带有"营利"的目的，如果此时国家机关向相关企业或个人收受"好处"（指除依法批准可以收费的以外），则极有可能涉嫌犯罪。

另外，国有企业在与其他企业或个人的经营交易活动中，收受对方给予的"好处"，如果系明折明扣，进入单位公家的账户，不存在利用"国有"的垄断优势为他人谋取优于其他竞争对象的利益，也不造成"情节严重"的，则不构成此罪。

◎非国家工作人员受贿罪

罪名的演变

这个罪名，原来叫作"公司、企业人员受贿罪"，也就是民间所称的"商业受贿罪"，与国家干部犯的"受贿罪"相对应。

1997年修订的《中华人民共和国刑法》第一百六十三条规定：

> 公司、企业的工作人员利用职务上的便利，索取他人财物或者非法收受他人财物，为他人谋取利益，数额较大的，处五年以下有期徒刑或者拘役；数额巨大的，处五年以上有期徒刑，可以并处没收财产。
>
> 公司、企业的工作人员在经济往来中，违反国家规定，收受各种名义的回扣、手续费，归个人所有的，依照前款的规定处罚。
>
> 国有公司、企业中从事公务的人员和国有公司、企业委派到非国有公司、企业从事公务的人员有前两款行为的，依照本法第三百八十五条、第三百八十六条的规定定罪处罚。

《刑法》第一百六十三条、第一百六十四条分别规定了公司、企业人员受贿罪和对公司、企业人员行贿罪。

《刑法》的上述规定，在当时的情形下，对打击犯罪、维护秩序发挥了较好的作用。但是，随着经济的发展，商业贿赂的发生不再仅局限于公司、企业之间，也存在于其他性质的行业、系统之中。

有关部门和司法机关提出，对公司、企业以外单位的非国家工作人员利用职务便利进行"权钱交易"，危害社会利益，例如发生在医疗机构的药品、器械采购中的商业贿赂行为，数额较大的，也应追究刑事责任。因此有必要对刑法这两条规定进行修改，将商业贿赂犯罪的主体扩大到公司、企业以外的其他单位的工作人员。

2006年，《刑法修正案(六)》对第一百六十三条、第一百六十四条进行了修改，将商业贿赂犯罪的主体从"公司、企业的工作人员"扩大到"公司、企业或者其他单位的工作人员"，把非国有公司、企业、事业单位或者其他组织的工作人员包含进来。

2007年，最高人民法院、最高人民检察院联合公布《刑法》确定罪名补充规定，补充、修改了刑法罪名，规定包括取消"公司、企业人员受贿罪"罪名，由"非国家工作人员受贿罪"等内容替代。调整后的新罪名于2007年11月6日起施行。

非国家工作人员受贿罪，是指公司、企业或者其他单位的工作人员利用职务上的便利，索取他人财物或者非法收受他人财物，为他人谋取利益，涉及财物数额较大的行为，属妨害对公司、企业管理秩序罪的一种。

本罪的特征

其构成要件基本同"受贿罪"一致，只是主体身份发生了变化。

具体来说有以下几点。

1. 侵犯的客体是国家对公司、企业、非国有事业单位以及其他组织的工作人员职务活动的管理制度。

在市场经济的运行机制中，公司、企业以及其他单位，是市场经济运行的重要环节。只有保证这些单位及其工作人员在合法的条件下运行，市场经济才能公平有序地进行。因此，有关法律就要对这些单位的工作人员的职务活动进行规范，建立起一套明确的管理制度。相关人员犯受贿罪则是对这套管理制度的直接侵犯，从而产生公司、企业、事业单位等管理层的腐败，危害公司、企业、事业单位的根本利益，破坏正常的社会主义市场公平竞争的交易秩序。

2. 客观方面表现为行为人利用公司、企业、其他单位的职务上的便利，索取他人财物或非法收受他人财物，为他人谋取利益，且涉及财物数额较大。

“利用职务上的便利”是本罪在客观方面的重要因素，是指公司、企业以及其他单位的工作人员，利用本人组织、领导、监督、管理等职权以及利用与上述职权有关的便利条件。

受贿罪的行为人利用的往往是“国家公权力”，诸如审批、核准、变更等；而本罪的行为人利用的职权一般表现为本公司企业的“私权力”，或称“相对公权力”，诸如允许价格的调整、期限的变更等，其与具有社会国家管理性质的“公权力”有所不同。

但公司有公司的利益，其对员工也有廉洁性的要求。任何单位均不允许其员工“以权谋私”，损害公司利益而肥益自己。从另一个角度讲，本罪的设置，也是维护市场经济秩序的需要。

“索取他人财物”是指利用组织、领导、监督、管理等职务上的便利，主动向有求于行为人职务行为的请托人索要财物。“非法收受他人财物”是指利用组织、领导、监督、管理等职务上的便利，为请托人办事，接受请托人主动送给的财物。“为他人谋取利益”是指行为人索要或收受他人财物，利用职务之便为他人或允诺为他人实现某种利益。该利益是合法还是非法，该利益是否已谋取到，均不影响本罪的成立。

3. 犯罪主体是特殊主体，即公司、企业或者其他单位的工作人员。

公司、企业的工作人员是指在公司、企业中从事领导、组织、管理工作的人员，如公司的董事、监事以及公司、企业的经理、厂长、财会人员以及其他受公司、企业聘用从事管理事务的人员。“其他单位的人员”包括非国有事业单位或者其他组织的工作人员，如教育、科研、医疗、体育、出版等单位的从事组织领导工作以及履行监督、管理职责的人员。在国有公司、企业、国有其他单位中从事公务的人员和国有公司、企业、国有其他单位委派到非国有公司、企业以及其他单位从事公务的人员利用职务上的便利受贿的，不构成本罪，而应依照《刑法》第三百八十五条的受贿罪处罚。

《刑法》第三百八十五条规定：

> 国家工作人员利用职务上的便利，索取他人财物的，或者非法收受他人财物，为他人谋取利益的，是受贿罪。
>
> 国家工作人员在经济往来中，违反国家规定，收受各种名义的回扣、手续费，归个人所有的，以受贿论处。

4. 主观方面表现为故意，即公司、企业、其他单位人员故意利用其职务之便接受或索取贿赂，为他人谋取利益。

受贿犯罪只能是故意，不能是过失。也就说，行为人对于财物的收受或索取是明知的。索取,只能是明知,不可能不明知;但收受,有时可能表现为非明知,如:有的行贿人唯恐领导干部不肯受贿,故意将财物夹杂在某些物件之中(如香烟、土特产等),以为领导干部打开时能够看到贿赂物。但有些时候,清正廉明的领导干部可能以为这些"土特产"就是一般的真正的土特产,转手赠送他人或转卖了。这个时候,就不能认定这名领导干部是"受贿",因为其根本就不知道有人行贿一事,法律上称之为"不明知"。

几种界限

1. 罪与非罪的界限

(1)量刑起点为6万元。按照《刑法》第一百三十六条的规定,构成公司、企业、其他单位人员受贿罪必须是受贿数额较大的,不足较大数额的按一般受贿行为处理。数额较大的具体界限,根据最高人民检察院、最高人民法院2016年司法解释的规定:公司、企业或者其他单位的工作人员利用职务上的便利,索取他人财物或者非法收受他人财物,为他人谋取利益,或者在经济往来中,利用职务上的便利,违反国家规定,收受各种名义的回扣、手续费,归个人所有,数额在6万元以上的,应予立案追诉。

换句话说,在6万元以下的,一般就不认为是犯罪。

但是,也有一个累计的问题。不是说每笔数额只要不超过6万元就不是犯罪。如果收受次数较多,也可以累计计算,只要累计数额达到或超过6万元,那么同样可以追究刑事责任。

数额巨大的标准为100万元起。

(2)合法报酬受法律保护。公司、企业、其他单位人员在法律、政策许可的范围内,通过自己的劳动换取合理报酬的,不属于利用职务上的便利受贿,因而是合法行为而不是犯罪。

这里要重点注意合法报酬与曲线受贿的界限。

(3)亲友间馈赠不是犯罪。公司、企业、其他单位人员接受亲朋好友的一般礼节性馈赠,而没有利用职务上的便利为亲朋好友谋取利益的,不构成公司、企业、其他单位人员受贿罪。

上述(2)、(3)两点说明,区分公司、企业、其他单位人员受贿罪与合法行为的界限,关键是看行为人获得的财物是否属于利用职务上的便利为他人谋利益而取得的。

(4)私收回扣可能就是犯罪。要注意区分以收受回扣、手续费为特点的公司、企业、其他单位人员受贿罪与正当业务行为的界限。在正常的市场交易行为中,取得符合《中华人民共和国反不正当竞争法》规定的折扣、佣金是正当业务行为;而违反国家规定,收受各种名义下的回扣、手续费,为个人所有的,应认定为公司、企业、其他单位人员受贿罪。

2. 此罪与彼罪的界限

这主要是"非国家工作人员受贿罪"与"受贿罪"的界限。

两罪区分的关键在于犯罪主体的不同:本罪的主体是公司、企业、其他单位人员,即非国家工作人员;受贿罪的主体是国家工作人员以及以国家工作人员论的国有公司、企业、其他单位中从事公务的人员和国有公司、企业、国有其他单位委派到非国有公司、企业、其他单位从事公务的人员。

上述表述看起来十分简单,但在司法实践中十分复杂。因为现代社会经济形态复杂,有时很难区分主体的身份,有时也很难区分行为人以何种身份受贿,故此二罪在司法实践中很难区分,但对二者的正确区分很重要。

本罪的量刑

根据我国《刑法》的规定，犯本罪的，刑罚分为二档：

受贿数额较大的，处5年以下有期徒刑或者拘役；

受贿数额巨大的，处5年以上有期徒刑，可以并处没收财产。

第二节 行贿犯罪

◎行贿罪

罪名的界定

1. 为谋取不正当利益，给予国家工作人员以财物的，是行贿罪。

2. 在经济往来中，违反国家规定，给予国家工作人员以财物，数额较大的，或者违反国家规定，给予国家工作人员以各种名义的回扣、手续费的，以行贿论处。

3. 因被勒索给予国家工作人员以财物，没有获得不正当利益的，不是行贿。

罪名简述

1. 行贿罪侵犯的客体是国家工作人员公务行为的廉洁性。法律对国家工作人员是有要求的，其基本的要求是清正廉洁。这不仅是国家机关及其工作人员的形象要求，也是保证国家机关及其工作人员依法办事、公平公正办事的要求。

2. 行贿罪在客观方面表现为行为人给予国家工作人员以财

物的行为。与受贿的形式相对应,行贿也分为两种情形:一是行为人主动给予受贿人以财物,在这种情况下,无论行为人意图谋取的正当利益是否实现,均不影响行贿罪的成立;二是行为人因国家工作人员索要而被动给予其财物。

3. 行贿罪在主观方面表现为故意,并且具有谋取不正当利益的犯罪目的。行贿人行贿是有其目的的,即获取其自身所需要的不正当利益。一般表现为“以小博大”“以少博多”,也就是以较少数量的行贿获取较多数额的回报。

不正当利益怎么界定

行为人为了获取“不正当利益”而行贿,是行贿罪;

行为人为了获取“正当利益”而行贿,则不是行贿罪。

不正当利益是指:

(1)非法利益,即违反法律、法规、国家政策和国务院各部门规章规定的利益。

这里要特别注意:违反法律、法规的规定而获取的,肯定属于“非法利益”;但是,现行《刑法》将“非法利益”的范畴进行了扩展,违反国家政策和国务院各部门规章规定而获取的利益,也属于非法利益。从严格意义上讲,“国务院各部门规章”不是法律层面的,但现在法律已经作出如此特别之规定,我们就要依法办事,遵照执行。

(2)要求他人或者单位提供违法的帮助或者方便条件所取得的利益。

行为人的行为虽然没有具体违反法律、法规或规章的某个具体规定,但其行为客观上要求他人或者单位提供违法的帮助或者方便条件所取得的利益为不正当利益。例如,纳税人不合法地减免税款；投标人不合法地中标；施工人过早、过多地获取工程款；等等。

这里需要特别说明的是：行为人想要获取本应获取的利益，只是为了避免让这部分利益的获得时间不当推迟或数量不当减少，才施于“行贿”，这种情形不属于法律上的“行贿罪”。因为“行贿人”主观上不是为了获取不正当利益，而是为了获取正当利益；当然，“行贿人”的手段不合法、不可取，但这不影响该行为的法律性质。

行贿行为的追诉

涉嫌下列情形之一的，应予立案。

(一)行贿数额在3万元以上的；

(二)行贿数额不满3万元，但达到1万元且具有下列情形之一的：

1. 向3人以上行贿的；
2. 将违法所得用于行贿的；
3. 通过行贿谋取职务提拔、调整的；
4. 向负有食品、药品、安全生产、环境保护等监督管理职责的国家工作人员行贿，实施非法活动的；
5. 向司法工作人员行贿，影响司法公正的；
6. 造成经济损失数额在50万元以上不满100万元的。

刑事处罚

1. 对一般行贿罪，处5年以下有期徒刑或拘役，并处罚金；
2. 因行贿谋取不正当利益，情节严重的，或者使国家利益遭受重大损失的，处5年以上10年以下有期徒刑，并处罚金；

（注："情节严重"主要是指行贿数额在100万～500万元）

3. 情节特别严重的，或者使国家利益遭受重大损失的，处10年以上有期徒刑或者无期徒刑，并处罚金或没收财产。

（注："情节特别严重"主要是指行贿数额在500万元以上）

对行贿犯罪打击不力：司法机关有难言之隐

就一般而言，有受贿必然就有行贿，这是一对孪生兄弟。但司法实践中给人的印象是：对受贿犯罪打击很严，但对行贿犯罪似有"放水"之嫌。如果套用法律术语，那就是司法机关过度运用了对行贿罪的"豁免规则"。

老百姓恨贪官，因为其侵蚀了国家干部的廉洁性；反过来，行贿的人也好不到哪里去，不敢说很多，但至少有一部贪官是被那些奸商拉下水的。因此，受贿要打击，行贿也要打击。但难就难在行受贿是在地下黑暗处交易的，外人一般无法获知。对于此类案件的侦破、取证，难度极大。如果没有重点地选择将行贿与受贿一律"严打"，则极有可能连受贿都无法打击。"两害相权取其轻"，司法机关为了取得打击受贿犯罪的证据，不得不"忍痛割爱"，将行贿人转作为控方服务的"污点证人"，从而确保打击的重点——受贿。

这是司法实践总结出来的经验与教训。因此，我国立法时已经注意到这种情况，在法律层面就已经为行贿犯罪"开了一个口子"。《刑法》规定"行贿人在追诉前主动交代行贿事实的，可以从轻或减轻处罚"，积极鼓励行贿人主动交代行贿事实，也为严厉打击受贿罪立下了汗马功劳。很多领导干部之所以会落马，最后被投牢，均"依靠"行贿人。

但事情总有两面性。严惩了受贿的同时，可能放纵了行贿。如果行贿得不到有效打击，行贿行为可能有蔓延之势，这是当前司法遭受诟病的原因之一。不过"一碗水无法端平"，司法机关也有难言之隐。

有行贿污点的人将上黑名单

为了充分发挥法律监督职能作用,有效遏制贿赂犯罪,促进诚信建设,服务经济社会科学发展,人民检察院实行行贿犯罪档案查询制度:统一建立全国行贿犯罪档案库,录入行贿犯罪信息,向社会提供查询服务。

行贿犯罪档案查询工作简介

行贿犯罪档案查询工作是检察机关运用信息网络技术、依靠制度建设预防职务犯罪的创新举措,是检察机关与社会有关主(监)管部门共同开展职务犯罪社会预防的成功实践,是检察机关参与和促进社会诚信建设的重要探索。

行贿犯罪档案查询工作包括以下方面:

◎检察机关将1997年10月以来由人民检察院立案侦查并经人民法院作出生效判决的行贿、单位行贿、对单位行贿、介绍贿赂犯罪案件等信息进行分类、整理、录入、存储,从而建立以行贿受贿主体情况、基本犯罪事实、判决结果等为主要内容的犯罪信息系统。

◎检察机关根据最高人民检察院《关于行贿犯罪档案查询工作的规定》,受理社会单位和个人的查询,对全国行贿犯罪档案查询系统进行查询,向查询人提供查询结果。

◎有关主(监)管部门或业主单位对于经人民检察院查询有行贿犯罪记录的单位和个人,采取限制准入、取消投标资格、降低信誉分或资质等级、中止业务关系等处置。

经过几年实践,行贿犯罪档案查询工作已经在防控贿赂犯罪、维护市场经济秩序、促进社会诚信建设、服务社会管理等方面发挥了积极作用。

◎2006年,最高人民检察院制定了《关于受理行贿犯罪档案查询的暂行规定》,对行贿犯罪档案的录入范围、申请程序、查询内容、处置办法等方面作出明确规定,并建立行贿犯罪档案查询系统,于2006年1月1日统一对外受理查询。

◎2009年6月,最高人民检察院对该规定作出修改,取消原来录入和查询范围的限制,由建设、金融、医药卫生、教育、政府采购等五个领域扩大到所有领域。同时,升级后的行贿犯罪档案查询软件在全国推广和应用,各地检察机关对新版的行贿犯罪档案查询系统进行安装调试,并组织软件操作应用的培训。

◎2011年,最高人民检察院正式设立行贿犯罪档案查询管理中心,主要负责行贿犯罪档案查询、查询系统全国联网和对各地查询工作的指导。

◎2012年2月16日,最高人民检察院举行检察机关行贿犯罪档案查询系统全国联网开通仪式,检察机关行贿犯罪档案查询系统正式实现全国联网。

行贿犯罪档案查询管理中心

2011年7月,最高人民检察院正式组建行贿犯罪档案查询管理中心。它作为职务犯罪预防厅的一个业务部门,专门负责全国行贿犯罪档案查询管理工作。行贿犯罪档案查询管理中心主要有以下职责:

◎负责录入最高人民检察院立案侦查的行贿犯罪案件信息及相关行贿行为信息。

◎管理维护全国行贿犯罪档案查询系统。

◎受理中央国家机关、中央企业的查询。

◎负责全国检察机关行贿犯罪档案查询工作指导。

◎开展贿赂犯罪综合分析和预测、防控。

行贿犯罪档案查询工作的功能与作用

行贿犯罪档案查询工作在实践中发挥了重要作用，产生了良好的综合效果。

◎遏制贿赂犯罪。经过行贿犯罪档案查询系统的筛查，将有行贿犯罪记录的单位和个人进行有效阻隔，从而在可能行贿的单位和个人与可能受贿的单位和个人之间架起一道“防护网”。此举可以有效预防行贿犯罪的发生，有“四两拨千斤”之功效。

◎推动惩防腐败体系建设。建立起检察机关与有关主（监）管部门联手防范贿赂犯罪机制制度，有力推动了社会化预防工作的开展。

◎促进市场监管和行业管理。以行贿犯罪档案查询作为政府采购和招标审查的必经关口，将经查询有行贿犯罪记录的单位和个人拒之“门”外，提高了行业准入门槛，大大降低了工程建设领域官商勾结、权钱交易的概率，促进了市场监管和行业管理。

◎促进社会诚信体系建设。适应市场经济体制和现代社会管理的要求，促进失信惩戒和守信激励机制制度建设。在潜移默化之中培育经营者抵制行贿、遵纪守法、合法经营、公平竞争的诚信氛围。

两年受理查询400余万次

最高人民检察院职务犯罪预防厅负责人介绍，2012年2月16日，检察机关行贿犯罪档案查询系统全国联网开通，全国行贿犯罪档案联网查询平台正式运行。目前，检察机关已建成互联共享的全国行贿犯罪档案库，行贿犯罪档案查询工作已经步入运行规范化、操作便捷化、应用常态化的轨道，不断得以推广应用。

2014年12月24日，最高人民检察院召开新闻发布会，通报全国行贿犯罪档案查询工作情况。据悉，近年行贿犯罪档案查询数量持续攀升。自2012年全国行贿犯罪档案查询系统实现全国联网至2014年11月，全国检察机关共受理行贿犯罪档案查询434万次，涉及单位579万家，个人791万人。

◎单位行贿罪

单位行贿罪，是指单位为了谋取不正当的利益而行贿，或者违反国家规定，给予国家工作人员以回扣、手续费，情节严重的行为。

与自然人行贿罪的区别

本罪与行贿罪最大区别在于：行贿罪是代表个人，并以个人的名义、用个人的行为去行贿；而单位行贿罪是代表单位，并以单位的名义去行贿。尽管表面上可能无法区别行贿是单位行为还是个人行为，因为即使是单位行贿，也要通过自然人去实施。

本罪的最基本特征在于：以单位的名义，为了单位的利益，违法所得当归单位所有。这是区别单位犯罪与个人犯罪的最为本质的特征。至于行贿的时候，是一个自然人去的，还是单位“组团”去的，这并不重要。当然，如果是单位“组团”去的，一般可以认定为单位行贿；但司法实践中，这种“组团”行贿的行为并不多见。

一般单位也可构成此罪

单位行贿罪的主体是单位。所谓“单位”，包括公司、企业、事业单位、机关、团体。与单位受贿罪不同，本罪中的“单位”并不仅仅局限于国有公司、企业、事业单位、机关、团体，还包括集体所有制企业、中外合作企业、有限公司、外资公司、私营公司等等。

同时，“单位”也可以是单位内部的分支机构或内部团体。

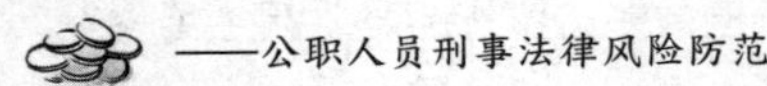

再次分配不属于"违法所得归个人所有"

《刑法》第三百九十三条在规定单位行贿罪的刑事责任时强调:因行贿取得的违法所得归个人所有的,依照行贿罪定罪处罚。这说明行贿后取得的不正当利益,归单位所有的,是单位行贿;归个人所有的,是自然人行贿。不正当利益的归属,对认定是单位行贿还是自然人行贿具有决定意义。

需要说明的是:因行贿取得的违法所得归单位所有后,单位决定将违法所得通过工资、奖金、福利、提成等分配方式转化为单位成员的报酬,仍应认定为单位行贿犯罪,不能就此认定"违法所得归个人所有"。原因在于:行贿所得的不正当利益虽然最终归个人,但利益的最终归属只是单位对利益的分配问题,是经过单位授权的,单位已经先行取得了对利益的支配权。

常见的单位行贿行为

(一)经单位研究决定的由有关人员实施的行贿行为;

(二)经单位主管人员批准,由有关人员实施的行贿行为;

(三)单位主管人员以法定代表人的身份实施的行贿行为;

(四)单位工作人员在履行职务过程中的行贿行为。

上述四种行为中,前三种比较好理解,因为是由"代表单位意志"的负责人作出的决定。而对第四种可能有不同的理解,如果单位工作人员确实是为了单位利益,违法所得又为单位所有,此时虽然没有得到单位负责人明确的指示,但事实上仍然是代表单位在行贿,因此,此时该工作人员的行为即为单位的行为。

违法所得归谁所有比较重要

需要指出的是，根据《刑法》的有关规定，单位行贿行为的违法所得必须归单位所有，如果归个人所有，应以自然人的行贿罪论处。最高人民法院《关于审理单位犯罪案件具体应用法律有关问题的解释》第二、第三条分别规定：个人为进行违法犯罪活动而设立的公司、企业、事业单位实施犯罪的，或者公司、企业、事业单位设立后，以实施犯罪为主要活动的，不以单位犯罪论处；盗用单位名义实施犯罪，违法所得由实施犯罪的个人私分的，依照《刑法》有关自然人犯罪的规定定罪处罚。

挂靠的行贿问题

本身并不具有合法经营资格的个人或单位挂靠具有经营权的单位，并以该单位或该单位的分支机构的名义对外从事营利性活动，在此过程中发生的行贿犯罪该如何确定主体身份？对此，应首先分清实施挂靠行为的个人或单位与被挂靠的单位之间的权利义务关系，特别是利益分配关系。实践中，实施挂靠的个人或单位往往仅仅是借被挂靠单位的名义从事经营活动，被挂靠单位不参与实际的经营管理，从事经营活动的资金、人员等完全由实施挂靠的个人或单位自己负责，自负盈亏、自担风险，除向被挂靠单位缴纳一定数额的管理费外，经营活动所获得的利润全部归实施挂靠的单位或个人所有。所以，在挂靠过程中发生的行贿犯罪，虽然表面上是以被挂靠单位的名义实施的，但是由于不能体现被挂靠单位的意志，谋取的不正当利益并不归属于被挂靠单位，因此不能由被挂靠单位来承担责任。

追诉标准

涉嫌下列情形之一的,应予立案:

(一)单位行贿数额在20万元以上的;

(二)单位为谋取不正当利益而行贿,数额在10万元以上不满20万元,但具有下列情形之一的:

1. 为谋取非法利益而行贿的;

2. 向3人以上行贿的;

3. 向党政领导、司法工作人员、行政执法人员行贿的;

4. 致使国家或者社会利益遭受重大损失的。

因行贿取得的违法所得归个人所有的,依照关于个人行贿的规定立案,追究其刑事责任。

刑事处罚

1. 本罪是单位犯罪,因此,对单位处以罚金,对其直接负责的主管人员和其他直接责任人员处以自由刑并处罚金。

2. 对其直接负责的主管人员和其他直接责任人员,处5年以下有期徒刑或者拘役,并处罚金。由于本罪毕竟是为了单位利益,而不是为了人员的自身利益,因此,对其自然人的量刑相对行贿罪来说比较轻(行贿罪最高刑为无期徒刑)。

3. 行贿人在被追诉前主动交代行贿行为的,可以从轻或者减轻处罚。其中犯罪较轻的,对侦破重大案件起关键作用的,或有重大立功表现的,可以减轻或免除处罚。

◉对单位行贿罪

罪状描述

我们之前讲“行贿”，主要是指对某个人行贿，如对某个领导行贿；而本罪讲的不是对某个个人行贿，而是对某个单位行贿。一般的行贿是将财物送给个人，本罪的行贿是将财物送给单位。

对单位行贿，是指行为人为了谋取不正当的利益，给予国有单位财物，或者在经济往来中，违反国家规定，给予国有单位各种名义的回扣、手续费，且达到一定的数额的行为。

收受方应当是国有单位

从上述罪状的描述中，我们可以看出：

（一）本罪的主体是一般主体。也就是说，一般的行为人均可以构成此罪，而不需要行为人具有某种特殊的身份。同时，谋取不正当利益的行为人，可以是自然人，也可以是单位。因此，单位也可以成为本罪的主体。

（二）本罪行为人的目的，是谋取不正当利益。前文已经阐述，为了谋取正当利益而给予对方财物，作为财物的付出方，一般不构成行贿罪。但对于财物的收受方，则完全可以构成受贿的相关犯罪。

（三）本罪的相对方，也即财物的收受方，要求是特殊主体，也即要求是国有单位，包括国家机关、国有公司、企业、事业单位、人民团体等。如果财物的收受方不是国有单位，或者不是纯国有的单位，行为人不构成本罪。

明折明扣也可能是犯罪

本罪的行为表现为两种情形：

第一，给予相对方一定数额的财物；

第二，在经济往来中，违反国家规定，给予国有单位各种名义的回扣、手续费等。

对于上述第一种情况，不难理解。

对于上述第二种情形，可能会有一些不同的理解。交易相对方给予对方回扣、手续费等，如果系明折明扣，那是没有问题的；如果系暗折暗扣，即使收受方让财物进入单位账户，那也会构成犯罪。这里可能有人会问：收受方将财物入了单位大账，没入私人腰包，怎么也构成犯罪？这里需要明确一个问题：本罪惩处的是"行贿问题"。换句话说，只要行贿人所送财物违反国家规定，就可以构成犯罪，而不管收受方将财物如何处理。

什么是国家规定?

国家规定主要体现在两个国家机关层面：全国人民代表大会及其常务委员会和国务院。

根据《刑法》第九十六条的规定，"违反国家规定"是指违反全国人民代表大会及其常务委员会制定的法律和决定，国务院制定的行政法规、规定的行政措施、发布的决定和命令。

因此可以看出，所谓"国家规定"，包括全国人民代表大会及其常务委员会的规定和国务院的规定。《刑法》所称的"违反国家规定"，仅指违反了上述两个国家机关的规定，其他各级国家机关的规定不是《刑法》所称的"国家规定"，因此违反了其他各级国家机关的规定并不构成《刑法》所称的"违反国家规定"。

全国人民代表大会及其常务委员会是最高国家权力机关，行使国家立法权和重大国事的决定权，其作出规定的主要形式为制定和通过有关法律和决定。

国务院是最高国家行政机关。根据《宪法》规定，国务院可以制定行政法规，规定行政措施，发布决定和命令。这些行政法规、行政措施、决定和命令主要是由国务院直接制定、规定和发布的，也包括国务院各部委或直属机构制定的经国务院批准并以国务院名义发布的行政措施、决定和命令。违反国务院制定、规定或者发布的行政法规、行政措施、决定和命令，也构成《刑法》所称的“违反国家规定”。

以国务院办公厅名义制发的文件，符合以下条件的，亦应视为《刑法》中的“国家规定”：

（一）有明确的法律依据或者同相关行政法规不抵触；

（二）经国务院常务会议讨论通过或者经国务院批准；

（三）在国务院公报上公开发布。

立案标准

涉及下列情形之一的，应予立案：

1. 个人行贿数额在10万元以上，单位行贿数额在20万元以上的；

2. 个人行贿数额不满10万元，单位行贿数额不满20万元，但具有下列情形之一的：

（1）为谋取非法利益而行贿的；

（2）向3个以上单位行贿的；

（3）向党政机关、司法机关、行政执法机关行贿的；

（4）致使国家或者社会利益遭受重大损失的。

刑事处罚

犯本罪的,处3年以下有期徒刑或者拘役。

本罪可以是单位犯罪,单位犯罪的,对单位处以罚金,对其直接负责的主管人员和其他直接责任人按上述规定处罚。

◉对非国家工作人员行贿罪

罪名概要

对非国家工作人员行贿,指为了谋取不正当的利益,对非国家工作人员行贿且数额较大的行为。这里的"非国家工作人员",主要指非国有公司、企业或者其他单位的工作人员,也可能是国有公司、企业、单位中的非国家工作人员。

这个罪名,在司法实务中也称作"非公行贿罪"。其与行贿罪的最根本区别在于:行贿的对象不同。本罪的行贿对象是非国家工作人员,行贿罪的行贿对象是国家工作人员。至于行贿者本人的身份不限,可以是国家工作人员,也可以是非国家工作人员。当然,在实践中,国家工作人员向非国家工作人员行贿的情形较少,多数是非国家工作人员向国家工作人员行贿。

侵犯客体

该罪侵犯的是复杂客体。

第一,该罪侵犯了国家对公司、企业、其他单位的正常管理秩序和市场竞争秩序。国家对市场竞争的秩序要求是公平、公正,不允许有人通过不正当的手段扰乱这种市场秩序,否则将严重挫伤合法经营者的积极性,使市场竞争营业处于混乱无序的状态。

第二，该罪也侵犯公司、企业、其他单位工作人员的廉洁性。对于廉洁性的要求，一般的公司、企业、其他单位也有，并非国家机关或国有企业所独有，无非国家机关、国有企业的要求更加严格。如果企业工作人员的廉洁性出现问题，则企业的利益也会受到侵害。

刑事处罚

第一，在被诉前主动交代，并有重大立功表现，不追究刑事责任。

第二，在被诉前主动交代，可减轻处罚或者免除处罚。

第三，行贿数额较大的，处3年以下有期徒刑或者拘役并处罚金。

第四，行贿数额巨大的，处3年以上10年以下有期徒刑，并处罚金。

第五，本罪可以是单位犯罪。对于单位犯该罪的，对单位判处罚金，并对其直接负责的主管人员和其他直接责任人员，依照上述规定处罚。

查处标准

个人行贿数额在3万元以上不满30万元，单位行贿数额在20万元以上不满100万元的，属于“数额较大”。

个人行贿数额在30万元以上，单位行贿数额在100万元以上的，属于“数额巨大”。

第三节　中介犯罪

◎介绍贿赂罪

2013年10月17日,中央纪委监察部官方网站披露:南京市原市长季建业涉嫌严重违纪违法,正接受组织调查。

此后,坊间传闻:“江苏首富”苏州金螳螂控股有限公司董事长及苏州金螳螂建筑装饰股份有限公司(下合称金螳螂公司)实际控制人朱兴良牵涉其中。

2014年11月初,国内不少媒体在显要位置刊登消息:

具有“江苏首富”之称的金螳螂公司实际控制人朱兴良涉嫌“介绍贿赂罪”等犯罪,案件已经进入审查起诉阶段。

一般人知道有行贿罪、受贿罪,很少听到“介绍贿赂罪”。

什么是“介绍贿赂罪”?

我们先来看一看朱兴良的行为:2006年至2007年,朱兴良向徐东明、季建平提出让二人各拿出股票收益的20%给季建业夫妇,二人表示同意。2009年11月,徐东明陆续将股票全部抛售,从中拿出700余万元送给了季建业。

从上述案例中我们可以看出:徐东明等二人的行贿,出自朱兴良的主意;季建业能够收受贿赂,也源于朱兴良的穿针引线。换句话说:徐东明等与季建业之间的行贿受贿,有赖于朱兴良的介绍。

因此,介绍贿赂罪是指向国家工作人员介绍贿赂,情节严重的行为。介绍贿赂罪在主观方面属于故意,即明知是在为受贿人或者行贿人牵线效劳,促成贿赂交易。在客观方面表现为行为人在行贿人和受贿人之间进行联系、沟通关系、引荐、撮合，促使行贿与受贿得以实现。

立法沿革

1.“介绍贿赂罪”在我国刑法中可以算是“元老级”罪名了。这一罪名最早出现于1950年的《刑法大纲草案》，但该草案并未颁布实施。

2. 第一次作为罪名正式出现是在1952年《惩治贪污条例》中，该条例第六条规定：“一切向国家工作人员行使贿赂、介绍贿赂者，应按其情节轻重参酌本条例第三条的规定处刑；其情节特别严重者，并得没收其财产之一部或全部；其彻底坦白并对受贿人实行检举者，得判处罚金，免予其他刑事处分。”

3. 1979年《刑法》第一百八十五条第三款将本罪与行贿罪予以并列规定：“向国家工作人员行贿或者介绍贿赂的，处三年以下有期徒刑或者拘役。”

4. 1997年《刑法》将介绍贿赂罪单列出来，作为一个独立罪名，表明对此行为的重视。第三百九十二条规定，“向国家工作人员介绍贿赂，情节严重的，处三年以下有期徒刑或者拘役。介绍贿赂人在被追诉前主动交代介绍贿赂行为的，可以减轻处罚或者免除处罚”。

看了立法沿革，我们不难发现：这不是新的罪名，老早就有了，无非生活中碰到的不多而已。但随着反腐力度的不断加大，受贿罪要严惩，行贿罪要严惩，介绍贿赂罪也要严惩。因此，今后我们对于这个罪名将不会陌生。

介绍的目的在于贿赂

这种“介绍”,不是指简单介绍行贿人与受贿人认识,而是指为了认识之后更深层的意义——贿赂。如果仅是在偶然的场合介绍两人认识,或者介绍两人认识时不具有贿赂的目的,则不构成介绍贿赂罪。

因此,所谓介绍贿赂,是指行为人在行贿人与受贿人之间进行沟通、撮合,使行贿和受贿得以实现的行为。这种介绍,使介绍人有了特殊的“身份”——贿托。作为贿托的介绍贿赂人在这些不光彩的交易中穿针引线,牵线搭桥,充当“贿赂掮客”的角色,对行贿受贿的成功起到了重要作用。

在司法实践中,介绍贿赂一般有以下几种形式:

1. 有贿赂目的地介绍行贿人与受贿人认识。这种介绍,中间人有可能不参与此后行贿与受贿之间的贿赂行为,也有可能不知道贿赂的具体数额、形式,但只要其主观上以贿赂为目的而介绍双方认识,其介绍贿赂的行为就算已经实施了。

2. 帮助一方或双方实现贿赂。有的中间人或主动或受托,积极地为实现贿赂而努力。这种努力可以是劝说受贿方收受,也可以是劝说行贿方行贿;可以是协调行受贿双方的财物数额,也可以是安排双方行贿受贿的方式;可以是为行贿者转递行贿的财物,也可以是替受贿者收受贿赂款物。

什么是“情节严重”?

介绍贿赂行为,只有情节严重的才构成犯罪。

最高人民检察院发布施行的《关于人民检察院直接受理立案侦查案件立案标准的规定(试行)》明确说明,介绍贿赂涉嫌下列情形之一的，应予立案：

1. 介绍个人向国家工作人员行贿，数额在2万元以上的；介绍单位向国家工作人员行贿，数额在20万元以上的。

2. 介绍贿赂数额不满上述标准，但具有下列情形之一的：

（1）为使行贿人获取非法利益而介绍贿赂的；

（2）3次以上或者为3人以上介绍贿赂的；

（3）向党政领导、司法工作人员、行政执法人员介绍贿赂的；

（4）致使国家或者社会利益遭受重大损失的。

注意“介绍认识”与“介绍贿赂”的区别

在社会实践中，有人具有人脉关系，从中引见。如果仅以“引见”为目的，无介绍贿赂的主观故意，那这种“引见”与以介绍贿赂为目的的“引见”是有本质的不同的。但如果在司法实践中，因为你的“引见”最终发生了“贿赂”，你可能就有“介绍贿赂”的嫌疑。

可能有人要问：我就介绍了行贿人、受贿人双方共同吃了个饭，或一起喝了一次咖啡，算不算“介绍贿赂”呢？这个问题还是回到原点：这要看你邀请行贿受贿双方认识的目的——你有否唆使行贿方行贿？你有否暗示或明示受贿方受贿？你有否从中传递、经手贿赂？等等。

刑事处罚

考虑到介绍贿赂罪自己不拿钱的“高尚品格”，介绍贿赂罪的最高量刑是3年，并处罚金。而且介绍贿赂人在被追诉前主动交代介绍贿赂行为的，可以减轻处罚或者免除处罚。

◎(斡旋)受贿罪

什么是斡旋?

有的人可能还没有听说过个罪名。以前只听说在国家外交方面有“斡旋外交”一说,指的是两个已经对立或发生战争的国家,都不愿意与对方联系、沟通,更不用说主动与对方联系。这样两个国家就处于“僵局”状态。虽然两个国家都明白,这样下去对谁都不利,但谁也不肯示弱。于是,与该两国均友好的国家或人士将站出来,分别穿梭于该两国之间,进行调停,使两个国家免于战争或让战争停息下来。这种行为,在外交上称为“斡旋”。如叙利亚局势紧张时,联合国前秘书长安南曾进行过斡旋;朝鲜半岛局势紧张时,中国、俄罗斯等国进行过斡旋。

什么是斡旋受贿?

上述这些斡旋,是正义之举。但如果这些斡旋行为发生在行贿人与受贿人之间,则情况就非常不一样了。行贿与受贿本身就是一种违法行为、犯罪行为,在两者之间穿针引线,也好不到哪里去,其目的是促使行贿与受贿的成立,本质上就是希望犯罪成立。因此,对于这样的斡旋行为,包括我国在内的许多国家规定为犯罪。

这里面要注意:仅仅是穿针引线,自己不拿任何经济上的好处,是介绍贿赂罪;如果在穿针引线的过程中,自己也拿好处(一般是行贿人给其好处,再委托、请求其去与受贿人进行联系),则涉嫌本罪——(斡旋)受贿罪。

我国《刑法》规定:国家工作人员利用本人职权或者地位形成

的便利条件，通过其他国家工作人员职务上的行为，为请托人谋取不正当利益，索取请托人财物或者收受请托人财物的，以受贿论处。

通过上述罪状的描述，我们可以看出：尽管是斡旋受贿，但在法律上还是叫"受贿罪"——"以受贿罪论处"。将这种情况一并归入"受贿罪"之中，法律不再另起罪名。也就是说，在刑法上没有"斡旋受贿罪"这个罪名。如果发生斡旋受贿的犯罪，定罪量刑完全按照"受贿罪"的规定。

斡旋受贿与直接受贿同罪

因此，有些人经常会问：是不是斡旋受贿罪要比受贿罪轻些？因为斡旋受贿的人没有利用职务上的便利，也就是其本身没有"假公济私"，利用其职位或权力。

回答是否定的。因为法律规定了"以受贿罪论处"，表明了处罚是与受贿罪一样的，彼此不分轻重。尽管斡旋受贿罪的犯罪人没有利用自身的职务，但其利用了自身的影响力，通过其影响力——对受贿人的影响力，利用了受贿人的职务，从而使得行贿受贿行为得以完成。因此从理论上讲，对两者进行同样处罚并无不妥。

与介绍贿赂罪是什么关系?

简单地讲，斡旋受贿罪是受贿人拿钱，斡旋人也拿钱；介绍贿赂罪是受贿人拿钱，介绍人不拿钱，介绍人是"毫不利己专门利人"，帮助行贿人将钱送出去，帮助受贿人将钱收进来。

介绍贿赂罪的最高量刑是3年，而且介绍贿赂人在被追诉前主动交代介绍贿赂行为的，可以减轻处罚或者免除处罚。

而(斡旋)受贿罪就是受贿罪,最高量刑是死刑。

顺便说一下,利用影响力受贿罪(详见下文),最高量刑是15年。

◉利用影响力受贿罪

对于这个罪名,老百姓可能更加陌生。我们先来看法律的规定。

《刑法修正案(七)》规定:

> 国家工作人员的近亲属或者其他与该国家工作人员关系密切的人,通过该国家工作人员职务上的行为,或者利用该国家工作人员职权或者地位形成的便利条件,通过其他国家工作人员职务上的行为,为请托人谋取不正当利益,索取请托人财物或者收受请托人财物,数额较大或者有其他较重情节的,处三年以下有期徒刑或者拘役,并处罚金;数额巨大或者有其他严重情节的,处三年以上七年以下有期徒刑,并处罚金;数额特别巨大或者有其他特别严重情节的,处七年以上有期徒刑,并处罚金或者没收财产。
>
> 离职的国家工作人员或者其近亲属以及其他与其关系密切的人,利用该离职的国家工作人员原职权或者地位形成的便利条件实施前款行为的,依照前款的规定定罪处罚。

通过上述罪状的描述,我们可以分析出这个罪名的适用主体是国家工作人员的近亲属或与其关系密切的人。

什么是近亲属？

对于“近亲属”，法律有明确的规定：配偶、父母、子女、兄弟姐妹。

这里要特别说明的是，这是《刑法》的规定，在不同的法律体系里，有可能“近亲属”的规定是不一样的。

根据《刑法》的上述规定，可以推出：上下第三代已经不是近亲属了，如爷爷奶奶和孙子孙女、外公外婆和外孙外孙女等就不是近亲属了；姐夫、小姨子、舅舅、叔叔等也不是近亲属；男女朋友等更不是近亲属。

什么是“关系密切的人”？

这是法律的规定，照理说应该是明确的、特定的，不应该是模糊的。但法律永远是落后于现实的，这是法律的滞后性所决定的。现实情况比较糟糕：国家工作人员，特别是领导干部，其周围总是有许多“关系密切的人”，如情人、朋友、同学、战友、同事等等，这些人均可以与国家工作人员保持密切关系。

“情人”是最主要的“关系密切的人”

无须讳言，上述罪名的主体，主要是针对领导干部的“情人”“爱人”等特殊人员而提出的。因为近年来，有些人就是利用或仗着自己与领导干部的“特别关系”，收受或索取他人财物；或者有些领导干部，自己出面收受或索取财物不方便，就让自己的配偶、情人出面收受或索取财物。在司法实践中，有的犯罪分子钻法律空子，与自己“关系最密切的人”串通一气，自己运用职权为请托人谋取利益，“关系密切的人”则大量收受财物，试图以此达到既能敛财，又能逃避法律制裁的目的。

以前，在《刑法修正案（七）》出台之前，对于这类情形无法打击。现在有这样的规定，可以“全方位、立体式”地打击犯罪了。

最高量刑为15年

利用影响力受贿与直接利用职权受贿，还是有一定的区别的：前者至少没有直接地“假公济私”，没有直接地“以权谋私”；受贿行为主要发生在“有影响力”的国家工作人员身边的人或是曾经的国家工作人员之中；真正行使职权的国家工作人员并无受贿。因此，其对国家工作人员的廉洁性的侵害，即对正在任职的国家工作人员的廉洁性的侵害相对较小。故利用影响力受贿，其最高量刑为15年，低于受贿罪最高量刑死刑。

与之相对应的一个罪名叫“对有影响力的人行贿罪”。

◎对有影响力的人行贿罪

1997年《刑法》修订时，主要考虑了国家工作人员的廉洁性问题。但随着时间的变化，在国家工作人员的亲属或与国家工作人员“关系密切”的人中，出现大量受贿的案例。这也直接或间接地腐蚀着国家工作人员的廉洁性，使得立法者不得不考虑这些“身边人”“特定关系人”的刑事责任问题。

2009年，《刑法修正案（七）》规定了“利用影响力受贿罪”，就是专门应对领导干部的家属、情人等特定人员的受贿问题。

经过若干年的实施，该规定确实在司法实践中发挥了重要作用，有效打击了该类受贿犯罪。

但问题又来了：打击了该类受贿犯罪，有没有、要不要打击该类行贿犯罪呢？行贿犯罪与受贿犯罪往往如同一对情侣，如影随形,或者就是老百姓所说的“一个巴掌拍不响”。要根治受贿犯罪,也必须从源头上打击行贿犯罪。

对于以往司法实践只打受贿、不打行贿的做法,社会层面也颇有意见。

《刑法修正案(九)》规定:

> 为谋取不正当利益,向国家工作人员的近亲属或者其他与该国家工作人员关系密切的人,或者向离职的国家工作人员或者其近亲属以及其他与其关系密切的人行贿的,处三年以下有期徒刑或者拘役,并处罚金;情节严重的,或者使国家利益遭受重大损失的,处三年以上七年以下有期徒刑,并处罚金;情节特别严重的,或者使国家利益遭受特别重大损失的,处七年以上十年以下有期徒刑,并处罚金。

犯罪主体扩大化

《刑法修正案(七)》和《刑法修正案(九)》的通过,颠覆了或者说突破了传统的受贿罪主体的概念。有人说,现在的“受贿罪”已经不是以前那个“受贿罪”了。笔者认为,这种说法也对,也不对。对的是,的确,其犯罪的主体范围扩大了,扩大到国家工作人员的身边人、枕边人了。不对的是,从严格意义上说,这已经不是“受贿罪”了,而是一个新的罪名:“特定关系人受贿罪”;行贿罪也不是传统的“行贿罪”了,而是一个新的罪名:“向特定关系人行贿罪”。行贿的对象同样发生了根本性的变化:从国家工作人员扩大至国家工作人员的身边人、枕边人。换句话说,以前向国家工作人员的身边人、枕边人行贿可能难以入罪(需要过渡到向国家工作人员行贿时才能入罪),而现在不用这么“链接”了,可以直接入罪。

本罪的最高量刑为10年,可并处罚金。

第四节　相关犯罪

◎巨额财产来源不明罪

罪名的定义

巨额财产来源不明罪,是指国家工作人员的财产或者支出明显超过合法收入,差额巨大,本人又不能说明其来源是合法的行为。

法律对国家工作人员的廉洁性有特别的要求。当一名国家工作人员的资产或支出明显超过其合法收入时,监管当局有理由怀疑其来源的非法性,有理由怀疑该名国家工作人员的廉洁性存在问题,有权力责令其说明问题。反过来,作为国家工作人员,有义务和责任接受管理当局或社会民众的监督,且有义务和责任来说明其资产或支出来源的合法性。如果不能进行有效说明,则可反推这名国家工作人员的财产来源不明,如确有贪污行为,可以进行刑事处罚。

这是法律对国家工作人员的特别要求,对于一般群众也就是非国家工作人员则无此要求。

罪名的演变

1988年1月21日,全国人大常委会通过的《关于惩治贪污罪贿赂罪的补充规定》(下文简称《补充规定》)第十一条第一款规定:

> 国家工作人员的财产或者支出明显超过合法收入，差额巨大的，可以责令说明来源。本人不能说明其来源是合法的，差额部分以非法所得论，处五年以下有期徒刑或拘役，或者单处没收其财产的差额部分。

1997年3月14日，全国人大通过修订的《刑法》在第三百九十五条第一款中完全吸纳了《补充规定》对此罪的罪状表述，仅将法定刑中“或者单处没收其财产的差额部分”改为“财产的差额部分予以追缴”。

2009年2月28日，全国人大常委会通过的《刑法修正案（七）》第十四条对此罪的构成条件和量刑幅度作出修改，将“财产或者支出”改成“财产、支出”，将“不能说明其来源是合法的”改成“不能说明其来源的”，同时将量刑增加一档：“差额特别巨大的，处五年以上十年以下有期徒刑。”这次对巨额财产来源不明罪所做的修改，是立法机关经过了长时间的考量与酝酿，并且广泛征求了各方面意见的结果，表明立法机关对长期以来此罪存在的理论争议和适用问题给予了充分关注，并积极地谋求解决途径。

是否与“无罪推定”原则相悖？

“无罪推定”已经成为刑事法律的一项基本原则。可以比较通俗地理解为“没有证据证明有罪即为无罪”，也就是举证责任的分配原则应当是“认定有罪的一方来举证证明有罪”，而不是“认为无罪的一方来证明自己无罪”。换句话说，你认为我贪污受贿，你拿出证据来，而不应当让我自己去拿证据证明自己没有贪污受贿。

那么，本罪的设置，是否与“无罪推定”原则相悖？

有学者就认为,巨额财产来源不明罪与"无罪推定"原则明显相悖。巨额财产来源不明罪是从有罪推定的角度上来说的,把一个无罪的公民放在一个被法律审查的位置上,公民的人权和人格受到了严重的破坏。

这就是两个不同的立法观念同时出现在中国的法律体系中的情况。"无罪推定"原则的主旨是:未被法院判决的任何人都是无罪的,都不得受到不公正的待遇。从这个角度讲,本罪的设置不存在这个问题,因为某人是否构成本罪,最终必将经过法院的裁判。

从刑法的基本原理看,从根本上废除这个罪名有一定的道理,因为它背离了现代刑法的诸多理论,与现代刑事诉讼"无罪推定"、"疑罪从无"和"不被强迫自证其罪"等司法文明精神相悖,带有"有罪推定"色彩。

由谁来证明财产的合法性?

本罪之所以有争议,实质还是举证责任分配是否合理的问题。对于一般公民、一般犯罪,应当由司法机关来举证证明该人犯罪,而不应当由该公民自证无罪。但对于国家公职人员,对其的要求往往要高于一般公民,在某些行为的认定上,可以适用"举证责任倒置"原则:相对方来证明自己没有错误。

"举证责任倒置"在民事诉讼中的运用已经比较普遍,比如对于医疗事故的认定。因为一般患者对医学知识了解不深,医院又不会将手术的内容公之于众,患者要证明医院存在过错是十分困难的。但是,反过来,如果由医院来证明自己在手术过程中没有错误,符合操作规程,是比较容易的;如果医院证明不了自己没有过错,则反推医院存在过错。这种特殊举证原则,一般不适用于大部分案件,但是在某些特殊的情形下,适用于某些特殊的案件,能够起到比较好的社会效益。

那么，在刑事诉讼中，对于某些特殊的案件，是否也适用“举证责任倒置”？就本罪而言，中国的立法机关认为可以适用。笔者也赞成适用，但要掌握一个尺度。这个尺度有以下几个方面。

必须“明显”超出合理的范围

本罪在客观方面表现为国家工作人员的财产或支出超过其合法的、正当的收入，本人不能说明其合法来源，并且差额巨大的。

这里所说的财产，是指行为人实际拥有的财产，包括住房、存款、交通工具等，名义上属于别人而实质上是行为人的，应当属于行为人拥有的财产。

这里的支出，是指行为人已经对外支付的款物，包括赠予他人的款物。

合法收入，是指按法律规定应属于行为人合法占有的财产，如工资、奖金，继承的遗产，接受的馈赠、捐助，等等。

那么，这个“明显”的尺度是多少？

根据1999年9月16日最高人民检察院发布施行的《关于人民检察院直接受理立案侦查案件立案标准的规定(试行)》，巨额财产来源不明，数额在30万元以上的，应予立案。

这里必须要说明的是，司法实践中不会因为“30万元”不能进行有效的说明就进入刑事司法程序，事实进入司法程序的，其不能说明来源的数额远远大于30万元。

其次，行为人不能说明其拥有的财产或支出与合法收入之间巨大差额的来源及其合法性。

本人不能说明其合法来源

这里需要注意，自己的财产当然要自己来说明其合法性。这个说明的主体首先为行为人自己。

但也不能绝对化、机械化。实践中有些对自己财产不善管理的，可能由其配偶、直系亲属来管理，由他们来帮助理财。如此，在现在经济条件下，资产出现爆发式增长也不是没有可能，但其本人可能并不清楚。这个时候，除了其本人之外，如果有人能够为其说明合法来源，当然也是可以的。

“说明”不是说说就可以了

不管是什么人来说明，一定要有理由和事实依据，要有客观的证据来支撑。

行为人不能说明其来源是合法的，包括行为人虽然“说明”了，但经司法机关查证不能证明其说明的合法来源的情况。

司法机关要积极查证

实践中有这样的情况：行为人出于种种原因，凭其自己的力量无法取得相关证据。这种情况，在我国还是常见的。比如：要查询个人数年前的银行账单可能就不行，因为一般银行只提供最近2年的账单。这个时候，就需要司法机关查证，但行为人必须提供必要的线索。同时，行为人提供了必要的线索后，司法机关要积极查证，不能消极怠慢。这是对一名国家工作人员负责，也是对司法公正负责。

本罪的处罚

第三百九十五条［根据《刑法修正案（七）》第十四条修正］

本罪的处罚分为二档：

1. 差额巨大的，处5年以下有期徒刑或者拘役；

2. 差额特别巨大的，处5年以上10年以下有期徒刑。

不管多少刑期，财产的差额部分予以追缴。

有人说，这个罪量刑好像还是比较重的。这个“重”，是重得有道理的。因为很多巨额财产来源不明的背后，就是没有被查明证实的贪污罪和受贿罪。换句话说，这些来源不明的巨额财产，事实上是通过没有被查实的犯罪所得，或是证据欠缺、证据不够充分的犯罪所得。

因此，在很多领导干部的受贿案件中，往往除了受贿罪外，同时也涉及巨额财产来源不明罪。

合法财产放在境外隐瞒不报，也是犯罪

此外，需要注意的是：国家工作人员在境外的存款，应当依照国家规定申报。数额较大、隐瞒不报的，处2年以下有期徒刑或者拘役；情节较轻的，由其所在单位或者上级主管机关酌情给予行政处分。请注意，此处没有说明是“合法财产”。就是说，对于存放在境外的合法财产，也要进行报告，如果不报告，也可以构成犯罪。

有人会问：如果放在境外的财产本身就是非法财产而不报告，那后果会怎样呢？那可能直接就构成受贿罪，至少是巨额财产来源不明罪。

◎贪污罪

贪污罪,是指国家工作人员和受国家机关、国有公司、企业、事业单位、人民团体委托管理、经营国有财产的人员,利用职务上的便利,侵吞、窃取、骗取或者以其他手段非法占有公共(国有)财物的行为。

贪污罪与受贿罪,虽然在侵犯对象(即财物)的性质上是不同的(贪污罪的侵犯对象是阳光下的公共财物,受贿罪的侵犯对象是非阳光下的公私财物),但由于其均侵犯国家机关及其工作人员的廉洁性,因此在许多场合,将其像“孪生兄弟”般紧密地联系在一起。比如,检察机关将“反贪污”与“反贿赂”两项职能放在同一个部门,称为反贪污贿赂侦查局,简称“反贪局”。又比如,法律对于犯贪污罪与犯受贿罪的罚处几乎相同。因此,有群众就误认为贪污就是受贿,受贿就是贪污。其实两者还是不同的,只不过有联系而已。为了说明这种“联系”,笔者在此简要说明一下贪污罪的基本要件。

本罪的主体

本罪的主体系特殊主体,即国家工作人员或者受委托管理、经营国有财产的人员。

因此,贪污罪的主体包括以下两种人:“国家工作人员”与“以国家机关工作人员论”。

国家工作人员的本质特征是从事公务。这里的从事公务是指代表国家机关、国有公司、企业、事业单位、人民团体等单位履行组织、领导、监督、具体负责某项工作等职责。

履行组织、领导、监督职责的人员通常担任一定职务,主管本单位或者本部门的工作，例如国有公司的董事、经理、监事等。履行具体负责某项工作职责的人员通常就某一方面或者某一项事务行使法律赋予或者国有单位授予的职权，例如国有公司、企业的会计、出纳、保管员等。

根据《刑法》第九十三条的规定，我国刑法中的国家工作人员又可以分为以下4种。

(1)国家机关工作人员，指各级国家权力机关、行政机关、审判机关、检察机关和军事机关中从事公务的人员。其他根据有关规定，参照国家公务员条例进行管理的人员，应当以国家机关工作人员论。例如，根据中央和国务院有关规定，参照国家公务员条例管理的各级党委、政协机关中从事公务的人员，应视为国家机关工作人员。此外，根据2002年12月28日全国人大常委会《关于〈中华人民共和国刑法〉第九章渎职罪主体适用问题的解释》，以下人员也被视为国家机关工作人员：在依照法律、法规规定行使国家行政管理职权的组织中从事公务的人员，或者在受国家机关委托代表国家机关行使职权的组织中从事公务的人员，或者虽未列入国家机关人员编制但在国家机关中从事公务的人员。

(2)国有公司、企业、事业单位、人民团体中从事公务的人员。这里的国有公司，是指依照公司法成立，财产全部属于国家所有的公司。国有资本控股及参股的股份有限公司不属于国有公司。国有企业，是指财产全部属于国家所有，从事生产、经营活动的营利性的非公司化经济组织。国有事业单位，是指受国家机关领导，财产属于国家所有的非生产、经营性单位，包括国有医院、科研机构、体育、广播电视、新闻出版等单位。人民团体，是指由国家组织成立的、财产属于国家所有的各种群众性组织，包括乡级以上工会、共青团、妇联等组织。

(3)国家机关、国有公司、企业、事业单位委派到非国有公司、企业、事业单位、社会团体从事公务的人员。这里的委派是指受有关国有单位委任而派往非国有单位从事公务。被委派的人员,在被委派之前可以是国家工作人员,也可以是非国家工作人员。不论被委派之前具有何种身份,只要被有关国有单位委派到非国有单位从事公务,就应被视为国家工作人员。

(4)其他依照法律从事公务的人员。这类人员的特征是,在一定条件下代表国家行使国家管理职能。

根据2000年4月29日全国人大常委会关于《刑法》第九十三条第二款的立法解释,村民委员会等村基层组织人员协助人民政府从事下列行政管理工作,属于《刑法》第九十三条第二款规定的"其他依照法律从事公务的人员":

(1)救灾、抢险、防汛、优抚、扶贫、移民、救济款物的管理;

(2)社会捐助公益事业款物的管理;

(3)国有土地的经营和管理;

(4)土地征收、征用补偿费用的管理;

(5)代征、代缴税款;

(6)有关计划生育、户籍、征兵工作;

(7)协助人民政府从事的其他行政管理工作。

除上述立法解释确定的人员以外,其他依照法律从事公务的人员,还包括:依法履行职责的各级人民代表大会代表;依法履行职责的各级人民政协委员;依法履行审判职责的人民陪审员;协助乡镇人民政府、街道办事处从事行政管理工作的村民委员会、居民委员会等农村和城市基层组织人员;其他由法律授权从事公务的人员。

另外,直接从事生产、运输劳动的工人、农民,机关勤杂人员,个体劳动者和部队战士，经手公共财物的，如果他们所从事的仅仅是劳务，不能成为贪污罪的主体。

本罪客观方面

本罪的客观方面表现为利用职务之便，侵吞、窃取、骗取或者以其他手段非法占有公共财物的行为。

所谓“利用职务之便”，是指行为人利用其职责范围内主管、经手、管理公共财产的职权所形成的便利条件，假借执行职务的形式非法占有公共财物。

所谓“主管”，是指具有调拨、转移、使用或者以其他方式支配公共财产的职权。

所谓“经手”，是指具有领取、支出等经办公共财物流转事务的权限。

所谓“管理”，是指具有监守或保管公共财物的职权。例如会计、出纳、保管员等具有监守和保管公共财物的职权。

行为人如果利用职务上主管、经手、管理公共财物的便利而攫取公共财物的，就可构成贪污罪。

如果仅仅因工作关系熟悉环境和场地，从而进行窃取财物等的行为，因其不是利用“职权”而为，不构成本罪，但可构成其他罪。

贪污的一般方法

贪污手段多种多样，但归纳起来不外乎是采取侵吞、窃取、骗取或者其他手段非法占有公共财物。

侵吞财物，是指行为人将自己管理或经手的公共财物非法转归自己或他人所有的行为。概括起来，侵吞的方法主要有三种：

一是将自己管理或经手的公共财物加以隐匿、扣留，应上交的不上交，应支付的不支付，应入账的不入账。

二是将自己管理、使用或经手的公共财物非法转卖或擅自赠送他人。

三是将追缴的赃款赃物或罚没款物私自用掉或非法据为私有。

窃取财物，是指行为人利用职务之便，采取秘密窃取的方式，非法占有自己管理的公共财物的行为，也就是通常所说的“监守自盗”。如果出纳员仅是利用对本单位情况熟悉的条件，盗窃由其他出纳员经管的财物，则构成盗窃罪。

骗取财物，是指行为人利用职务之便，采取虚构事实或隐瞒真相的方法，非法占有公共财物的行为。例如出差人员用涂改或伪造单据的方法虚报或谎报支出冒领公款，工程负责人多报工时或伪造工资表冒领工资，收购人员谎报收购物资等级从中骗取公款，等等。

其他方法

(1)故意转出利益迂回收取。国家工作人员利用职务上的便利，内外勾结，将自己管理、经营的公共(国有)财物以合法形式转给与其勾结的外部人员，然后再迂回取回，据为己有。

(2)故意抬高购买价格迂回收取。行为人在为本单位购买货物、服务等经济活动中，在正常市场价格、谈判价格的基础上，主动、故意抬高购买价格，与相对方恶意串通，将提高部分全部或部分转入自己的口袋。

(3)私吞国资的利息。这是比较常见的一种。公款是放入政府财政账户，不产生利息的。但在市场经济中，银行揽储竞争激烈，所给出的利息优惠甚多，公款私存、私贷坐吃利息的现象时有发生。

(4)可用金钱衡量的劳务贪污。如国家工作人员利用职务之便，使用单位的物质条件、机械设备、雇请的工人为自己干活等。

量刑处罚

贪污数额3万元，为定罪量刑的起点。

贪污数额在3万～20万元的，处3年以下有期徒刑或拘役，并处罚金。

贪污数额在20万～300万元的，处3～10年有期徒刑，并处罚金或没收财产。

贪污数额在300万元以上的，处10年以上有期徒刑、无期徒刑或死刑，并处罚金或没收财产。

需要注意的是，上述数额仅适用于“一般情况下”，但在“特殊情况下”，上述数额可以按“减半”执行。如：

贪污数额在1万元以上不满3万元，具有下列情形之一的，应当认定为《刑法》第三百八十三条第一款规定的“其他较重情节”，依法判处3年以下有期徒刑或者拘役，并处罚金：

(一)贪污救灾、抢险、防汛、优抚、扶贫、移民、救济、防疫、社会捐助等特定款物的；

(二)曾因贪污、受贿、挪用公款受过党纪、行政处分的；

(三)曾因故意犯罪受过刑事追究的；

(四)赃款赃物用于非法活动的；

(五)拒不交代赃款赃物去向或者拒不配合追缴工作，致使无法追缴的；

(六)造成恶劣影响或者其他严重后果的。

◎私分国有资产罪

罪名的界定

私分国有资产罪，是指国家机关、国有公司、企业、事业单位、人民团体，违反国家规定，以单位名义将国有资产集体私分给个人的行为。

哪些人能犯本罪？

本罪的主体是特殊主体，即国家机关、国有公司、企业、事业单位、人民团体。对此，需要明确的是：国家机关指各级权力机关、行政机关、军事机关、审判机关和检察机关；乡（镇）以上中国共产党机关和人民政协机关也应当包括在国家机关内。

本罪从理论上讲，应当是单位犯罪，是单位决定私分的，体现出单位的集体意志。法条也是如此表述的："国家机关……，私分……。"但其又不符合单位犯罪的一般要件：为了单位的利益。因为一般单位犯罪均具备两个要件：一是以单位名义；二是为了单位的利益，违法所得归单位所有。本罪虽然是"以单位的名义"私分的，但不存在"为了单位的利益"而私分的情形，更不存在"违法所得归单位所有"的情形。因此，从这个角度讲，似乎又不像单位犯罪。

正是基于此，法律针对本罪没有明确是"单位犯罪"还是"自然人犯罪"，而采用了比较灵活的表述：当作单位犯罪来对待，但不处罚单位，只处罚自然人。因为一般单位犯罪要对单位处以罚金，而本罪不存在罚金一说。

私分国有资本仅参股、控股的公司资产不构成本罪

前文已经阐述,《刑法》中“国有公司”是指纯国有、股份100%国有的公司,而非指国有控股甚至国有绝对控股的公司。

对于国有资本控股、参股的股份有限公司,根据所有权和经营权相分离的原则,国有资本一旦投入公司,便成为公司、企业的财产,国家即丧失了对其投入财产的所有权,只能依其出资份额享有股权。因此国有资本控股、参股的股份有限公司不属于国有公司。故,私分了这些国有参股、控股的公司资产,即使构成犯罪,也不是本罪。

但国有单位的分支机构或者内设机构私分国有资产的,也可构成本罪。

其他非国有企业,不会构成此罪。

关于“国家规定”

关于“国家规定”的定义,参见本章第二节“对单位行贿罪”有关内容。

这里需要注意的是,在司法实践中,有的学者和司法机关将“国家规定”做扩大化解释,诸如将国务院各部委的规章、地方人大的立法等等,都纳入“国家规定”。笔者以为,这种认识是错误的,并不是刑法的本意。

如果国务院的相关部委制定了“规定”,虽然报经了国务院批准,但没有以“国务院”的名义发布,仍然不是《刑法》意义的“国家规定”。因此,只有以国务院名义发布的规定、决定、命令等,才是《刑法》意义的“国家规定”。

什么是“国有资产”？

国有资产，是指资产的所有权归属于国家的资产。1993年国家国有资产管理局发布的《国有资产产权界定和产权纠纷处理暂行办法》第二条对“国有资产”做了明确定义，即国有资产是指国家依法取得和认定的，或者国家以各种形式对企业投资和投资收益、国家向行政事业单位拨款等形成的财产。

但是，《刑法》法条在有关“国有资产”的表述上，有着不尽相同的表述。《刑法》直接使用“国有资产”概念的条文共有2条，直接使用“国有财产”概念的条文有4条。不知这是否在暗示“国有财产”与“国有资产”是两个不同概念？

与共同贪污的区别

(1)犯罪的主体身份不同。私分国有资产罪在性质上属于单位犯罪，虽然只处罚直接负责的主管人员与其他直接责任人，但总体上是当作单位犯罪来对待的。而贪污罪的主体在性质上属于自然人。贪污罪不存在单位犯罪的问题。如果单位的全体成员都进行了贪污，那也是共同贪污，是自然人间的共同犯罪。

(2)犯罪的主观故意不同。私分国有资产罪是单位的故意，体现的是单位的意志，且多是单位领导层的意志，不一定是全体分得资产人都参与共同协商的结果。有可能有的人虽分得了财物但并未直接参与具体私分行为。而贪污罪则完全是个人的故意，多人共同贪污也是个人间共同合意的结果。在共同贪污中，每个成员均具有贪污的故意并共同参与实施贪污行为。

(3)犯罪的隐秘程度不同。私分国有资产罪一般公开进行，有一定的分配理由，单位往往建有账册，有账可查，且相关人员分得数额的多寡均有一定的标准。而共同贪污往往秘密地进行，不一定有“分配”理由，一般不会建账留底，相关人员分得数额的多寡基本由主要贪污人私下确定。

(4)犯罪的参与程度不同。私分国有资产罪一般分配的面比较广，多见单位全体人员均有分得；而共同贪污往往局限在一定的范围、一定的小圈子内，不辐射单位全体人员。

(5)法律的打击层面不同。私分国有资产罪在追究责任时，只追究单位的直接负责的主管人员和其他直接责任人员的刑事责任，而不是所有分得国有资产的人员。对于分得国有资产的职工或其他人员，一般采取要求其还出所分得资产或追缴赃款的方式。且对责任人的刑事追责，也适用单位犯罪中的责任人员的责任。法律也不处罚单位，不对单位进行罚金处罚。而贪污罪则追究所有参与犯罪行为人员的刑事责任。

(6)量刑不同。私分国有资产罪的最高刑为7年，而贪污罪的最高刑为死刑。如果系同行数额，很明显，贪污罪的处罚比私分国有资产罪的处罚更重。

与发放奖金、福利的关系

一提起私分国有资产的罪名，很多国有企业的老总就不敢发放奖金、福利，唯恐涉嫌犯罪。其实不然。法律允许国家机关、国有公司、企业、事业单位、人民团体发放奖金、福利、津贴等行为。正当的奖金、福利是国有企业员工应得的财产性利益，是提高员工劳动生产积极性的一项重要措施，也是国家按劳分配原则的具体体现。因此，不必缩手缩脚。

但问题是：哪些可以分配发放？或者说在什么情况下可以分配发放？请掌握以下两个条件：

第一，不属于国有资产的。1993年国家国有资产管理局发布《国有资产产权界定和产权纠纷处理暂行办法》第十二条也规定，可分配利润及从税后利润中提取各项基金后，已提取用于职工奖励、福利等分配给个人消费的基金，不属于国有资产。具体来说，在依法缴纳了应当缴纳的税、费之后，国有企业作为独立的企业法人，就有权支配属于自己单位的财产性利益。

第二，国有单位有权分配发放。从法律层面讲，企业在缴纳规定的税、费之后，就有权支配自己的财产。但国有企业毕竟姓“国”、姓“公”，其还有别于一般企业，其社会责任大于一般企业。因此，国家对国有企业的要求会多些、严些。也就是说，国企虽然是个“成年人”，但仍会有更多的“长辈”管着。国有资产的管理部门，在法律之外，还有高于法律底线的要求存在。因此，发放奖金、福利时除了不能违背法律，还要考虑不能违背国资管理规定。具体可以参照国家劳动社会保障有关部门的规定操作，必要时可以事前咨询相关部门。

有些时候，单位所发放的奖金、福利虽然不违法、不构成私分国有资产罪，但属于违规、违纪。在这种情况下，一般有两种操作：一是将违规、违纪发放的奖金、福利收回；二是将违规、违法发放奖金、福利作为收入而纳税。第一种处理方式因涉及面广，效果不一定最佳，因此采取第二种方法可能效果更好。

“小金库”的钱算什么性质？

“小金库”的钱是什么性质，关键要看其中钱的来源。

如果是套取国家拨款或截留应上缴国家的违法收入，进入“小金库”，当然属于国有资产。

如果本身就是国有资产所产生的收益，单位却采取种种手段转到账外，进入“小金库”，也属于国有资产。

如果是单位利用本身职权取得的收入，进入“小金库”，也属于国有资产。

如果系正常贸易的“回扣”“返点”，进入“小金库”，也属于国有资产。

如果是利用国有资产进行违法经营获取的利润，进入“小金库”，也视为国有资产。

是否同时涉嫌逃税犯罪？

行为人取得私分的国有资产，一般不会去缴纳应纳税款。在这样的情况下，是否同时构成偷税罪？如果构成，是否应与私分国有资产罪数罪并罚？司法实践认为，私分的行为虽然同时触犯了私分国有资产罪与偷税罪两个罪名，但为体现罪刑均衡原则，对其应按吸收犯的原则处理，即按重罪吸收轻罪的原则从一重罪处断，而不能数罪并罚。同时，私分国有资产本身是犯罪行为，对因私分犯罪而取得的收益，从理论上讲应当进行追缴，其本身就不存在纳税的问题。因此，从这个角度讲，也不宜进行数罪并罚。

犯罪所得如何处理

司法实践中，一般对因私分国有资产犯罪所得要进行依法追缴，并上交国库。这是法律的一般要求，司法机关如此操作也无大的不妥。而笔者认为，这些被私分的资产，虽然属于国有资产，但毕竟属于这个国有企业的国有资产，与“大国有”“国库”之间还是有所不同。国有企业也是独立法人，有其自身的经营发展要求，也要对其债务人负责。因此，笔者认为，适用《刑法》第六十四条的规定予以处理比较妥帖：返还给被害单位，而不是上缴国库。

对于所判罚金，则自然上交国库。

第五节　或将入罪

◉收受礼金

2014年9月，在北京举办的某刑事辩护高峰论坛上，有刑法学教授透露：《刑法修正案（九）》拟设置“收受礼金罪”。

这一罪名的含义是，国家工作人员收受他人财物，无论是否利用职务之便、无论是否为他人谋取了利益，都可以认定为此罪。收受礼金罪并不是受贿罪，量刑比受贿罪轻，这个罪名的设置旨在解决贿赂犯罪中所谓“感情投资”问题。

关于是否设立“收受礼金罪”有不同意见

赞成说：在刑法中设立“收受礼金罪”，从严肃党纪政纪、加强反腐角度来说有好处——收受礼金只要超出礼尚往来，都被认为是犯罪，有利于规范官员行为。

反对说：虽然不反对把收受礼金的行为定罪，但没必要在立法中规定。只需出台一个立法解释，明确收受礼金数额较大的以受贿罪论处即可。因为实践中已把大部分超出礼尚往来收受礼金的情况当成犯罪处理。

另一种反对声音认为，收受礼金的情况很复杂，如果设定一个“收受礼金罪”，对于那些比较正常的礼尚往来的礼金收受情形并不适宜。

此后，全国人大官网公布了《刑法修正案（九）》的草案，公开征求意见。但草案中，并未出现此前备受关注的增设“收受礼金罪”

的条款。

全国人大公布的《刑法修正案(九)》草案的《说明》中也写道:在调研和征求意见过程中,司法机关和有关方面还提出了其他一些修改刑法的建议。考虑到这些问题各方面认识还不一致,需要进一步研究论证,未列入本草案。

2015年8月,全国人大通过了《刑法修正案(九)》,仍没有关于"收受礼金罪"的规定。这从侧面反映了该罪的设立没有被认可,至少争议很大,时机尚未成熟。但该修正案没有涉及此内容,并不等于以后的修正案也不会涉及此内容,因为对于该等"收受礼金"的行为,社会上"意见很大",很可能在不久的将来会被列入犯罪。

◉性贿赂

对于这个问题的争论已经有一定时间。有不少学者提出应当将性贿赂"入罪",规定到《刑法》的调整范畴。在现实生活中,许多领导干部"出事"以后均被查实有不少"情人"。这些情人中,不少是"以自身的美色"换取不正当利益,也有不少是"雇用美色"换取不正当利益。这种情形,与用金钱换取不正当利益无异,同样具有社会危害性,同样腐蚀、侵害着国家工作人员或企业工作人员的廉洁性。因此,有学者提出设立"性贿赂罪",或将其纳入"贿赂罪"范畴,还是有其道理的。

2001年,全国的"两会"在北京举行。赵平等17名全国人大代表联名提案,要求将性贿赂规定为犯罪。但是,十多年过去了,国家立法机关并没有将其列入立法计划或将法律进行修正。

这里的主要原因,笔者以为关键是"性的贿赂"价值几何,怎么来计算其价值。有人说:参照卖淫嫖娼。但卖淫嫖娼也是没有标准的。而且,这里有涉及一个"人格"的问题。行贿人虽然也出卖自己或他人的肉体，但其毕竟与卖淫女的出卖肉体有着很大的不同。卖淫女的目的，是直接获取卖淫相对应的价格，即嫖资；但性贿赂者，其不直接获取出卖肉体的价格，而是通过肉体的出卖，换取其他的经济利益，一般其欲换取的经济利益，要大于出卖一次或数次肉体的嫖资。另外，对于性贿赂难以认定为犯罪，还有一个重要因素，那就是难以区分情感与贿赂。

最为重要的是，我国现阶段对于贿赂罪的界定，主要限于行贿对象的财产性质。也就是说，用于行贿的东西要是金银财宝类，可以用金钱来折算、换算；如果行贿的东西无法用金钱来衡量，则无法成为贿赂罪的对象。

法律术语是：用于行贿的对象要是财产性利益，非财产性利益不能成为行贿的对象。

性的贿赂，属于精神享受层面，是非财产性利益，故现阶段，性贿赂不是贿赂犯罪。

第二章　认识自我:身份职位关乎犯罪

第一节　国家干部

◉国家工作人员

我国刑法与其他国家不一样,有一个鲜明的特征,那就是对自然人犯罪分为两类主体:一类为国家工作人员,另一类为非国家工作人员。由于国家工作人员在国家事务中起领导、管理作用,事关国家层面、全局性质,国家法律对其要求就高。因此,如果国家工作人员犯罪,法律对其的惩处就重,所以,区分犯罪人员的主体身份显得特别重要。

什么人是国家工作人员?

总的来说,为国家工作的人员,就是国家工作人员,或者叫作"体制内"的人员,也有人将其称为"吃皇粮"的人员。

按照计划经济时代,也可如此区分:档案归"人事部门"管理的、属于"干部"编制的,为国家工作人员;档案归"劳动部门"管理的、属于非"干部"编制的,为非国家工作人员。

上述说法,均有一定的道理,但均没有上升到法律术语的层面。如果上升到法律术语层面,一般可以根据行为人所履行的职务、所系身份的性质,来确定行为人是否为国家工作人员,也就是一般学术上所称的“职务说”“身份说”。

1.“正宗”的国家工作人员

国家工作人员，是指国家机关中从事公务的人员。

“国家机关”，是指国家的权力机关、行政机关、司法机关以及军事机关。

“从事公务的人员”，“公务”主要与“劳务”相对，是指在上述国家机关中行使一定职权、履行一定职务的人员。在上述国家机关中从事劳务性工作的人员，如司机、门卫、炊事员、清洁工等勤杂人员以及部队战士等，不属于国家工作人员范畴。

(1)在各级国家权力机关中从事公务的人员。在各级人大常设机构中从事公务的人员，其中包括处于履行职权期间的各级人大代表。

(2)在各级国家行政机关中从事公务的人员。包括在各级人民政府机关及政府组成部门、办事机构、直属机构中从事公务的人员。

(3)在各级司法机关中从事公务的人员。包括在各级人民法院、人民检察院中从事公务的人员以及处于履行职务期间的人民陪审员。

(4)在各级军事机关中从事公务的人员。包括在各级军事指挥机关中从事公务的人员，军队的各级军官，处于执行公务期间的士兵。

2. 受委托的国家工作人员

国有公司、企业、事业单位、人民团体中从事公务的人员。这里规定的“从事公务的人员”，是指在公司、企业等单位中具有经营、管理职责，或履行一定职务的人员，在公司、企业等上述单位中不具有管理职责的一般工人、临时工等其他勤杂人员，不属于规定的从事公务的人员。

3. 被委派的国家工作人员

国家机关、国有公司、企业、事业单位委派到非国有公司、企业、事业单位、社会团体从事公务的人员。“委派”主要是指在一些具有国有资产成分的中外合资企业、合作企业、股份制企业中,国有公司、企业或其他有关国有单位为了行使对所参与的国有资产的管理权,而派驻的管理人员。这里也包括有的国家机关、国有事业单位委派到非国有事业单位、社会团体中从事公务的人员。

4. 其他依照法律从事公务的国家工作人员

2001年,全国人大常委会专门对《刑法》第九十三条规定的“其他依照法律从事公务的人员”作了立法解释,规定村民委员会等村基层组织人员协助人民政府从事下列行政管理工作的,属于《刑法》第九十三条第二款规定的“其他依照法律从事公务的人员”:(1)救灾、抢险、防汛、优抚、扶贫、移民、救济款物的管理;(2)社会捐助公益事业的款物的管理;(3)国有土地的经营和管理;(4)土地征用补偿费用的管理;(5)代征、代缴税款;(6)有关计划生育、户籍、征兵工作;(7)协助人民政府从事其他行政管理工作。

委托与委派是什么关系?

简单说:

委托——从民营进入国有,从民间走向官场。

委派——从国有进入民营,从官场走向民间。

“委托”,是指受委托,即受国家机关、国有公司、企业、事业单位、人民团体委托。

“受委托管理、经营国有财产”是指因承包、租赁、聘用等而管理、经营国有财产。

“委派”，是指被委派，即国有公司、企业或者其他国有单位中从事公务的人员被委派到非国有公司、企业以及其他非国有单位从事公务。

关于“从事公务”的理解

从事公务，是指代表国家机关、国有公司、企业、事业单位、人民团体等履行组织、领导、监督、管理等职责。公务主要表现为与职权相联系的公共事务以及监督、管理国有财产的职务活动。如国家机关工作人员依法履行职责，国有公司的董事、经理、监事、会计、出纳人员等管理、监督国有财产等活动，属于从事公务。那些不具备职权内容的劳务活动、技术服务工作，如售货员、售票员等所从事的工作，一般不认为是公务。

关于“委派”的理解

所谓委派，即委任、派遣，其形式多种多样，如任命、指派、提名、批准等。不论被委派的人身份如何，只要是接受国家机关、国有公司、企业、事业单位委派，代表国家机关、国有公司、企业、事业单位在非国有公司、企业、事业单位、社会团体中从事组织、领导、监督、管理等工作的，都可以被认定为国家机关、国有公司、企业、事业单位委派到非国有公司、企业、事业单位、社会团体从事公务的人员。如国家机关、国有公司、企业、事业单位委派到国有控股或者参股的股份有限公司从事组织、领导、监督、管理等工作的人员，应当以国家工作人员论。国有公司、企业改制为股份有限公司后，原国有公司、企业的工作人员和股份有限公司新任命的人员，除代表国有投资主体行使监督、管理职权的人外，不以国家工作人员论。

"民间草根"管理国企可以患此"富贵病"

有些罪，只有有身份、有地位的人才能犯；其他人有同样行为构不成此罪。我国的社会主义制度，决定了法律对国有公司、企业的特殊保护；也由于我国对"吏治"非常严格，我国严厉打击国家工作人员犯罪。因此，在我国《刑法》中，即使产生同样的社会危害结果，国家工作人员犯罪比普通公民犯罪面临的惩处也要重得多。在某种意义上讲，在犯罪的时候，普通公民比国家干部要"优越"。但是，当普通公民受委托管理国家事务、管理公务、管理国有资产、经营国有资产时，因身份发生变化，同样的错误行为此时就可能构成犯罪，因此笔者将其称为患"富贵病"。

承包经营国企也可能构成贪污罪

《刑法》第三百八十二条规定的"受国家机关、国有公司、企业、事业单位、人民团体委托管理、经营国有财产的人员"与《刑法》第九十三条规定的"国家机关、国有公司、企业、事业单位委派到非国有公司、企业、事业单位、社会团体从事公务的人员"有何区别？

第九十三条是受国有单位委派到非国有单位工作，而第三百八十二条是国有单位委托他人管理、经营国有财产。他们尽管都可以构成贪污罪，但侵害的对象是不同的。后者贪污侵占的对象仅限于国有资产，而受委派到非国有单位从事公务的人员贪污侵占的对象是非国有资产。但是承包人根据承包合同取得经营权以后，实际上也就是受发包方委托管理、经营国有资产的人员，他有义务保证国有资产的安全。如果利用职务之便，以各种手段占有国有资产的，应构成贪污罪，无非其不是国家工作人员而已。

受聘用的国企经理也可能构成贪污罪

委托经营管理国有公司、企业,这种委托的方式可以是多种多样的。上文讲到“承包经营”是一种方式,也可以采用“聘用经理”来经营管理公司,这同样也是一种委托方式。当然,这种委托方式中,可能也包含有承包经营的内容或成分,也可能是基本工资加提成激励的方式,这就相当于承包经营的性质。

干部管理民间资本可以“从轻发落”

对于这一观点,笔者认为:从《刑法》的规定来看,完全准确,完全可以推导出这一结论。我国司法实践历来重视“身份说”,也就是按照行为人的身份来认定是什么性质的犯罪。但是,目前我国已经开始从“身份说”走向“职务说”。

“职务说”的基本含义是:看一个人犯什么罪,不是看其是什么身份,而是应当看其在履行什么职务。因此,是不是国家干部已经不是很重要,重要的是是否在做国家干部应当做的事。

因此,2000年2月13日,最高人民法院针对江苏省高级人民法院的请示,经最高人民法院审判委员会第1099次会议通过一个批复:

> 对于受国家机关、国有公司、企业、事业单位、人民团体委托,管理、经营国有财产的非国家工作人员,利用职务上的便利,挪用国有资金归个人使用构成犯罪的,应当依照刑法第二百七十二条第一款的规定定罪(挪用资金罪)处罚。

而《刑法》第二百七十二条第一款的规定,便是对挪用资金罪的规定。因此,从该批复中可以看出,最高法院认为:对于没有身份的人犯有身份的罪,应当从一轻罪处罚。

◉非国家工作人员

从理论上讲,排除了"国家工作人员",剩下的就是"非国家工作人员"。

两者区分的意义在于,法律对国家工作人员的要求更严格:

同样的行为,对非国家工作人员来说不构罪,但对国家工作人员来说构罪;

同样的犯罪,对国家工作人员的处罚明显重于对非国家工作人员的处罚。

第二节　国有企业

◉国有企业

何为"国有企业"?

在社会生活中,对国有企业的叫法是比较乱的。这主要与我国以前实行计划经济有关,大量企业是国有企业,而非国有企业的则占少数。改革开放之后,非国有企业大量增加,尤其在国企改制、国企上市以后,国有企业的叫法开始混乱和模糊起来。

国有企业广义、狭义之分

广义的国有企业是指具有国家资本的企业,可分为三个层次:

(1)纯国有企业(包括只有一个国有股东的国有独资企业、几个股东均为国有的国有企业)。

(2)国有控股企业(包括国有绝对控股企业、国有相对控股企业)。

(3)国有参股企业。狭义的国有企业指纯国有企业,也就是其股权100%是国有的。这就是法律上的"国有企业"。

现实社会中,经常听到有人讲"我们是国企",其实这可能不是法律意义上的"国企",只不过"国有"占大头而已;但财务上,经常会出现所谓的"合并报表",即国有企业为了显示其控股或主导下的企业总体的业绩。因此,这种所谓"国企"的叫法只是财务上的,与法律无关。

国有绝对控股企业

在企业的全部资本中,国家资本(股本)所占比例大于50%的企业。

国有相对控股企业

在企业的全部资本中,国家资本(股本)所占的比例虽未大于50%,但相对大于企业中的其他经济成分所占比例的企业(相对控股);或者国家资本所占比例虽不大于其他经济成分,但根据协议规定,由国家拥有实际控制权的企业(协议控制)。

国有参股企业

具有部分国家资本,但国家不控股的企业。

有权机关对“国有企业”的认定

（1）国家工商局规定。对于企业性质的认定，我国历来将其归入工商行政管理部门。那么，对于企业国有性质的认定，工商行政主管机关是如何认定的呢？

1998年8月28日，国家工商局与国家统计局联合发布的《关于划分企业登记注册类型的规定》第三条规定：“国有企业是指企业全部资产归国家所有，并按《中华人民共和国企业法人登记管理条例》规定登记注册的非公司制的经济组织。不包括有限责任公司中的国有独资公司。”

从该规定中可以看出：国有企业的“全部资产归国家所有”。所谓的“全部资产”应当理解为“100%的资产”，也就是说不允许有一小部分资产归非国家所有，即有谓的“纯国有”，没有半点非国有成分。

至于“不包括有限责任公司中的国有独资公司”，这主要是针对“企业”来说的，因为这份文件主要用于解决除公司以外的企业的登记问题。

（2）最高法院答复。2001年5月23日，最高法院在答复重庆高院请示时以司法解释的形式明确：“在国有资本控股、参股的股份有限公司中从事管理工作的人员，除受国家机关、国有公司、企业、事业单位委派从事公务的以外，不属于国家工作人员。”

该司法解释：

A. 明确提出了“国有控股公司”“国有参股公司”的概念，其用意应当十分明确，那就是为了区别“国有公司”；

B. 在国有控股、参股公司中从事管理工作的人员，除受委派的外，均不属于国家工作人员。这说明该类公司完全不同于“国有公司”,因为在“国有公司”从事管理的人员为国家工作人员。

C. 在该司法解释的尾部,还有一段内容:“对其利用职务上的便利,将本单位财物非法占为己有,数额较大的,应当依照刑法第二百七十一条第一款的规定,以职务侵占罪定罪处罚。”这进一步说明该类公司不是《刑法》中的“国有公司”,否则应当以“贪污罪”定罪处罚。

(3)全国法院座谈会纪要。2002年6月4日至6日,最高法院在重庆市召开了全国法院审理经济犯罪案件工作座谈会。2003年11月13日,最高法院发布该《座谈会纪要》,其中:“如国家机关、国有公司、企业、事业单位委派在国有控股或者参股的股份有限公司从事组织、领导、监督、管理等工作的人员,应当以国家工作人员论。国有公司、企业改制为股份有限公司后,原国有公司、企业的工作人员和股份有限公司新任命的人员中,除代表国有投资主体行使监督、管理职权的人外,不以国家工作人员论。”

上述座谈会,除全国法院系统外,全国人大常委会法制工作委员会、最高检察院、公安部也应邀参加。其目的在于统一思想、统一认识。

(4)最高法院司法解释。在上述取得共识的基础上,2005年8月1日,最高人民法院《关于如何认定国有控股、参股股份有限公司中的国有公司、企业人员的解释》规定:“为准确认定刑法分则第三章第三节中的国有公司、企业人员,现对国有控股、参股的股份有限公司中的国有公司、企业人员解释如下:国有公司、企业委派到国有控股、参股公司从事公务的人员,以国有公司、企业人员论。”

根据以上脉络分析,完全可以得出以下结论:

《刑法》中“国有公司、企业”是指“纯国有的公司、企业”;最高法院也持该观点[①]。

◉国家出资企业

实践中有一种企业，被称为“国家出资企业”。对于这种企业，很可能会有两种理解：一是国家出全资、国有独资，出资者仅国家一家，也就是纯国有企业；一是国家有出资，但不是出全资、不是纯国有。

但法律上的“国家出资企业”，应当作如下理解：

2008年10月28日通过的《企业国有资产法》第五条规定：“本法所称国家出资企业，是指国家出资的国有独资企业、国有独资公司，以及国有资本控股公司、国有资本参股公司。”

从该规定可以看出：凡是国家有出资的企业（包括公司），均为国家出资企业。不仅仅指国有企业，也不仅仅指国有控股企业，只要国有参股即为国家出资企业。

国家出资企业中国家工作人员的认定

2010年11月26日，最高法院、最高检察院联合发布《关于办理国家出资企业中职务犯罪案件具体应用法律若干问题的意见》（本节下简称《两高意见》）规定：“经国家机关、国有公司、企业、事业单位提名、推荐、任命、批准等，在国有控股、参股公司及其分支机构中从事公务的人员，应当认定为国家工作人员。具体的任命机构和程序，不影响国家工作人员的认定。”

由此，我们可以得出结论：法律上的“委派”有以下两种形式。

一种是由国有公司、企业直接“委派”到非国有公司、企业中去

---

① 《刑事审判参考》总第17期，法律出版社，2010年，第136页。

担任职务，受委派的非国有公司、企业不再另行任命；

另一种是经由国有公司、企业“提名、推荐、任命、批准等”到非国有公司、企业中去任职，但该任职还要经过新单位（非国有公司、企业）重新任命或聘请。

不管何种形式，尤其是第二种形式（新单位重新任命），均属“委派”，该类人员均属“国家工作人员”。

有人也许会说，新单位重新任命应当理解为非国有单位的任命，不属于国有单位委派，但《两高意见》在此处如此规定，其含义应当理解为：虽经新单位重新任命，但其职权的根本来源于国有单位的“提名、推荐、任命、批准等”，无原国有单位的“提名、推荐、任命、批准等”，新的任命就没有根据。

“二次委派”的国家工作人员认定

《两高意见》又规定：“经国家出资企业中负有管理、监督国有资产职责的组织批准或者研究决定，代表其在国有控股、参股公司及其分支机构中从事组织、领导、监督、经营、管理工作的人员，应当认定为国家工作人员。”

这就是实务界、学术界存在很大争议的“二次委派”，或称“转委托”“再委托”。按《两高意见》，经过这个“管理、监督国有资产职责的组织”的批准或者研究决定，其再委派出去到非国有的新单位去从事“管理、监督国有资产职责”的人员，也“应当认定为国家工作人员”。因为这个“管理、监督国有资产职责的组织”已经受过国有单位的委派，已经在新的非国有单位中担任“管理、监督国有资产职责”，由其再“委派”出去（或到本单位又或到本单位的下属单位、分支机构）“管理、监督国有资产职责”。故司法实践中形象地称之为“二次委派”。

在这里,首先要搞清楚“管理、监督国有资产职责的组织”是什么。有人说是“国务院”,有人说是“国资委”,其实都不是。因为在这个组织之前有个定语“经国家出资企业中负有……”,很显然,这个组织不是国务院、国资委,而是已经存在于新的非国有单位之中了。那么,该组织到底指什么呢?

《两高意见》出台以后,为了便于全国法院系统学习、理解,最高法院刑二庭曾发表文章《〈关于办理国家出资企业中职务犯罪案件具体应用法律若干问题的意见〉的适用与理解》(见《刑事审判参考》总第77期):“这里所谓的‘组织’,除国有资产监督管理机构、国有公司、企业、事业单位外,主要是指上级或本级国有出资企业内部的党委、党政联席会。”作者虽然没有陈述理由——为什么是“党委、党政联席会”,但笔者分析其可能是考虑到党委的监督职能。

如此一来,是否可以扩大理解为“凡是党委建议或任命的干部都是国家工作人员”?既然“二次委派”成立,那么“三次委派”“四次委派”是否可以成立?

“双重身份”不影响国家工作人员的认定

国企改制有多种形式,有的改制为员工外的第三人持有股份,有的改制为全体员工持有股份,有的改制为部分员工持有股份,等等。这里面就有可能包括有的员工既受国资委托管理国资,又在改制后的新单位持有股份。也就是该员工既代表国资,又代表自己,即所谓的“双重身份”。对这部分人员,其身份到底如何认定?

《两高意见》明确规定:国家出资企业中的国家工作人员,在国家出资企业中持有个人股份或者同时接受非国有股东委托的,不影响其国家工作人员身份的认定。

国企改革的方向

经过多年的摸索,我国国有经济的功能被定位为弥补市场缺陷、巩固社会主义制度的经济基础和发挥在国民经济中的主导作用。

十五届四中全会《决定》指出:“国有经济要控制的行业和领域主要包括:涉及国家安全行业、自然垄断行业、重要公共产品和服务行业以及支柱产业和高新技术产业中的重要骨干企业。”

必须给国有企业具体明确的使命定位,对国有企业进行具体分类,不同类型的企业应该承担国有经济的不同的功能定位。基于国有经济的功能定位,明确将国有企业分为公共政策性、特定功能性和一般商业性三类。

第一类是公共政策性企业。这类企业主要是指处于自然垄断的行业、提供重要的公共产品和服务的行业的企业,具体行业包括教育、医疗卫生、公共设施服务业、社会福利保障业、基础技术服务业等。这类国有企业不以营利为目的,主要承担公益目标。

第二类是特定功能性企业。这类企业主要是指处于涉及国家安全的行业、支柱产业和高新技术产业的企业。这类企业所处领域相对宽泛,具体包括军工、石油及天然气、石化和高新技术产业等,而且这些领域可以随着国家的经济发展及战略变化而变化。这类企业既需要充当国家政策手段,又需要追求盈利,以促进自身的发展壮大,从而发挥对国家经济安全和经济发展的支撑作用。

第三类是一般商业性企业。这类企业是除了上述两类企业以外的所有的现有企业,处于竞争性行业。与一般商业企业一样,其生存和发展完全取决于市场竞争。

上述对国有企业的定位还是比较科学的。

目前的顶层设计方案包括了混合所有制改革、员工持股、国资委的职责、央企的划分等内容，而中央企业深化改革，加快企业重组整合步伐的思路或许也有新的变化。

国企改制后工作人员的身份

随着国企的改革，纯国有的国有公司、企业将越来越少，大量的企业可能是国有控股、参股的企业，即“所谓的国企”。

如工农中建四大国有银行，现已改制上市，成为股份有限公司。只要有非国有的成分存在，该银行就不是国有银行，至少不是《刑法》意义上的“国有企业”。当然，在实践中有人可能还称之为“国有银行”，但那只是传统、习惯使然，无非是国有控股而已。

随之而来的是其工作人员的身份认定问题。既然公司都不是国有公司了，在一般情况下其工作人员当然不是国有工作人员，除非受国有公司、企业的委派。前述2003年最高法院发布的《座谈会纪要》也明确了这一点。

第三节　共犯问题

◎共同犯罪的情形

受贿罪是个“富贵病”，不是一般人员所能“享受”的。只有“国家工作人员”才能有资格“享受”此罪名。因此，从一般意义上讲，非国家工作人员是不能、也不可能犯此罪的。但是，如果非国家工作人员与国家工作人员相互勾结，共同受贿呢？此种情况比较复杂，复杂在理论界对此认识不同，司法实务界对此认识也不同。

受贿罪的共同犯罪分为两种情况：

第一种情况是国家工作人员与其他国家工作人员共同收受贿赂。

第二种情况是国家工作人员与非国家工作人员共同收受贿赂。

第一种情况,在实践中认定相对容易,因为共犯均是国家工作人员,均具有受贿罪的主体资格。在这种情况下,如果共同受贿,则均可构成受贿罪,或者称分别构成受贿罪。

第二种情况,共犯人一方是国家工作人员,而另一方是非国家工作人员。由于非国家工作人员是不具有受贿罪的主体资格的,如果是单独实施,是不可能犯受贿罪的。所以在法律没有明文规定的情况下,遇到这种情况如何处理,在司法实践中存在较大的分歧。

◎法律定性的争议

受贿罪的主体是特殊主体,即国家工作人员。那么,作为“平民”的非国家工作人员能否构成受贿罪的共犯呢?对于这个问题,在刑法学理论界存在不同的观点。

一种观点认为:不能以受贿共犯论处——否定说

(1)1988年,全国人大常委会颁布了《关于惩治贪污罪贿赂罪的补充规定》,其中明文规定:“与国家工作人员……勾结,伙同受贿的,以共犯论处。”按照当时的法律规定,非国家工作人员既可以构成贪污罪的共犯,也可以构成受贿罪的共犯。因为贪污罪与受贿罪的构成基本相同,主要区别是赃款来源、占有手段不同而已:贪污罪的赃款来自“公款”,而受贿罪的赃款一般来自“民间”;贪污是秘密窃取,受贿是秘密收受。

(2)1997年《刑法》修订时对贪污罪、受贿罪关于共犯的表述出现了不同情况。《刑法》第三百八十二条第三款明确规定:“与前两款所列人员勾结,伙同贪污的,以共犯论处。”此沿用了上述全国人大常委会的表述。但对于受贿罪的共犯问题,刑法却没有类似的表述。因此,有学者认为:刑法对于贪污罪的共犯进行了保留,而对受贿罪共犯没有予以保留。因此,根据“罪刑法定”原则,法无明文规定不为罪,对于非国家工作人员勾结国家工作人员,伙同受贿的,不以受贿共犯论处。

另一种观点则认为:可以构成受贿共犯——肯定说

1997年《刑法》修订时虽对内外勾结、伙同受贿的情形没有作明确规定,但并不意味着取消了受贿罪的共同犯罪。对非国家工作人员与国家工作人员共同受贿的,可按刑法《总则》关于共同犯罪的规定予以定罪处罚。非国家工作人员与国家工作人员一起实施受贿的,仍然应该按照受贿罪的共同犯罪予以惩罚。

非国家工作人员能否构成受贿罪的共犯存在“否定说”和“肯定说”,“肯定说”目前仍为刑法学界的通说。

笔者经过梳理,认为非国家工作人员能够构成受贿罪共犯的主要依据有以下几点。

一是从我国刑法体例和语言逻辑结构特点分析。我国刑法分则条文仅仅是对单独犯罪构成要件的明文规定,并未包括共同犯罪。因此,一般主体能否构成特殊主体的共犯,应当说不是刑法分则所必须明确的问题,而是属于刑法理论的范畴。或者说,一般主体能否成为特殊主体共犯,并不是以分则是否明文规定为依据,而是应当根据刑法总则的规定并运用共同犯罪理论进行分析论证的。在受贿的共同犯罪中,虽然主体身份不同,但此时两者已经因为共同利用国家工作人员的职务便利收受贿赂,为他人谋利的共同故意和共同行为成为一个整体,各共犯成员主观上具有共同的犯罪故意、客观上实施了共同的犯罪行为。各种行为融为一体、密不可分,犯罪的构成就是各共犯成员行为互相联系、共同作用的结果,在这种情况下一般主体当然应当以特殊主体犯罪的共犯论处。

二是保证刑罚平衡的内在要求。贪污罪和受贿罪在我国刑法规定的同一条款中,刑罚种类和轻重完全相同,其社会危害性也是对等的。如果在贪污罪中规定与国家工作人员勾结,伙同贪污的以共犯论处,而在受贿罪中则不以共犯论处,对于同样是混合主体勾结的职务犯罪,如果不坚持同样的处罚原则,则难以保证罪行与刑罚的对等。

三是符合现代各国刑法和刑法理论。在混合主体的受贿案件中,由于利用职务之便是受贿罪实行行为的必要组成部分,非国家工作人员不可能单独实施受贿罪的实行行为,也不能与国家工作人员共同实施受贿罪的实行行为,但可以实施受贿罪的组织行为、教唆行为或帮助行为。因此,它完全符合"无特定身份之人可以成为要求特定身份者为犯罪主体之罪的教唆犯、组织犯或帮助犯"这一现代各国刑法和刑法理论较为一致的主张。

四是法律条文有"提醒"功能。"补充规定"关于贪污罪、受贿罪共犯的规定以及《刑法》第三百八十二条第三款关于贪污罪共犯的规定,均属"注意规定",而非"特别规定",即在刑法已作相关规定的前提下,提示司法人员注意,以免司法人员忽略的规定,而不是立法者对于刑法例外规则的拟制。因此,立法的演变不表明刑法取消了内外勾结的受贿罪共犯。

五是司法实际判例也证实了非国家工作人员能够成为受贿罪的共犯。2000年北京市第一中级人民法院审理的成克杰、李平受贿案,被告人李平是中国香港人,不具有国家工作人员身份,成克杰与李平相互勾结,共同收受贿赂款物4000余万元,李平被认定为受贿共犯。成克杰被判死刑，李平被判无期徒刑。

因此，有学者、司法工作者认为：《刑法》对贪污罪与受贿罪共犯问题的表述不同，是需要改进之处。

笔者支持“否定说”——平民不能犯受贿罪

（1）不是立法之疏忽。对于贪污、受贿是否均能构成共犯问题，学界与司法实务界对此早已关注，也争论已久。如果系1997年刑法修订时疏忽（即：贪污仍可共犯，而受贿则没提），那么刑法已经过多次修正，又出台过《立法解释》，那么完全可以，也完全有时间、有机会对此“疏忽”进行纠正。但至目前为止，仍没有对此“疏忽”进行纠正，充分说明这不是“疏忽”，而是“有意为之”，即对于受贿罪，不同于贪污罪，非国家工作人员不能构成受贿罪。

（2）司法解释也没有将贪污罪的共犯问题引入受贿罪。根据2000年《最高人民法院关于审理贪污、职务侵占案件如何认定共同犯罪几个问题的解释》，上述行为人可以构成共犯。行为人的犯罪定性由利用职务人的身份决定，即共同犯罪中利用国家工作人员身份的，则构成贪污罪；利用公司企业人员身份的，则构成职务侵占罪。但不管如何表述，均是“身份说”的典型表述。更为重要的是，该司法解释仅规定了“贪污罪”与“职务侵占罪”的共同犯罪问题，为什么没有同时规定“受贿罪”的共同犯罪问题呢？照理说，贪污罪与受贿罪构成要件基本相同，为何没有将受贿罪纳入该司法解释？笔者以为，最高法院也认为：非国家工作人员即使与国家工作人员共同受贿，非国家工作人员也不能构成受贿罪共犯。

（3）2000年2月13日最高法院答复江苏高院《关于对受托管理、经营国有财产人员挪用国有资金行为如何定罪问题的批复》中规定：“对于受国家机关、国有公司、企业、事业单位、人民团体委托，管理、经营国有财产的非国家工作人员，利用职务上的便利，挪用国有资金归个人使用构成犯罪的，应当依照《刑法》第二百七十二条第一款的规定定罪处罚。”而《刑法》第二百七十二条第一款规定的是“挪用资金罪”，而非“挪用公款罪”。由此可以看出，非国家工作人员的主体身份在该罪定性中起决定性作用。由此似乎也能推导出非国家工作人员受贿，不宜构成“受贿罪”，而更宜构成“非国家工作人员受贿罪”。

(4)《刑法修正案(七)》已经表明了“受贿罪只能是特殊主体”的立场。《刑法修正案(七)》第十三条规定，在《刑法》第三百八十八条后增加一条作为第三百八十八条之一：

> 国家工作人员的近亲属或者其他与该国家工作人员关系密切的人，通过该国家工作人员职务上的行为，或者利用该国家工作人员职权或者地位形成的便利条件，通过其他国家工作人员职务上的行为，为请托人谋取不正当利益，索取请托人财物或者收受请托人财物，数额较大或者有其他较重情节的，处三年以下有期徒刑或者拘役，并处罚金；数额巨大或者有其他严重情节的，处三年以上七年以下有期徒刑，并处罚金；数额特别巨大或者有其他特别严重情节的，处七年以上有期徒刑，并处罚金或者没收财产。

这就是“利用影响力受贿罪”。这也说明：非国家工作人员不能构成受贿罪；如果构罪，则构成该罪。

(5)成克杰、李平案裁判于《刑法修正案(七)》之前。关于成克杰案，北京市高级人民法院于2000年8月22日以〔2000〕高刑终字第434号刑事裁定，驳回上诉，维持原判。而《刑法修正案（七）》系2009年2月28日获得通过。因此，早期案例不能说明问题。也许在李平案时，存在司法界认识不一致、理解不一致的问题，但在《刑法修正案（七）》通过之后，应该不存在不同理解了。

司法实践的折中方案为：非国家工作人员单独受贿，不能构成受贿罪，而只能构成非国家工作人员受贿罪；但如果与国家工作人员共同受贿，则可以跨越身份界限，而构成受贿罪共犯。

第四节　我是谁？

◉按在编人员管理人员

“编制”在过去是个很重要的东西，其实现在也是如此。所谓“编制”，就是指国家机关、事业单位的员额编制。所谓“在编”，就是在“编制”内、在“体制”内。“在编”人员也可以简单理解为“国家工作人员”。

所谓“按在编人员管理”，有点类似“以工代干”，即行为人本身并不是“编制内”人员，但可能由于其工作性质、工作岗位等，将该行为人“按照在编人员”来管理、对待。

那么，对于这类人员，在法律界也会出现不同的理解：其算“国家工作人员”，还是算“非国家工作人员”？

我们先来看一则最高检察院关于镇财政所所长的法律定性。

2000年，最高人民检察院法律政策研究室在给上海市人民检察院的批复中表示：

对于属行政执法事业单位的镇财政所中按国家机关

在编干部管理的工作人员，在履行政府行政公务活动中，滥用职权或玩忽职守构成犯罪的，应以国家机关工作人员论。

笔者认为：

(1)上述批复虽然是针对“滥用职权或玩忽职守构成犯罪”的，但其“应以国家机关工作人员论”的基调还是明确的。如果能够“以国家机关工作人员论”，那么其身份似乎是“受委托”的身份，是受国家机关或国有单位委托而从事公务。如此身份，也符合受贿罪的身份要求。

(2)“镇财政所”应当属于镇政府的一个职能部门，且为比较重要的一个职能部门，主要行使对镇财政的管理职能。而镇政府是我国政府体系中最基层的一环，属于政府体系是明确的。从这个角度讲，“在政府中从事公务”是比较好理解的。

(3)但“职务说”与“身份说”各有道理，谁也说服不了谁。而法律规定贪污罪的主体与受贿罪又可以不一样。如此，又将一些介于“国家工作人员”与“准国家工作人员”之间的人员推入比较尴尬的境地。真正遇到贿赂犯罪案件时，关于法律定性也会存在很大争议，这是肯定的。

◎村民委员会人员

上点年岁的人都知道，村民委员会就是原来的“生产大队”。以前老百姓管生产大队的领导都叫“大队干部”，似乎只比“公社干部”低一级而已，性质上差不多。而“公社干部”就是现在的乡镇干部，是“正宗的”国家干部，归属于国家公务员序列，是国家行政机关的最基层单位人员。

但对于村民委员会到底是什么性质，大多数人也不甚清楚。若说它是最基层的行政单位，但乡镇已经是最基层的行政单位了，再往下就没了；若说不是，村主任又大多在管理些行政事务，好像又是国家权力的“根系”“毛细血管”，似乎是真正的最底层的国家行政机关。

归根结底：不是国家干部

我国《村民委员会组织法》第二条规定：

> 村民委员会是村民自我管理、自我教育、自我服务的基层群众性自治组织，实行民主选举、民主决策、民主管理、民主监督。
>
> 村民委员会办理本村的公共事务和公益事业，调解民间纠纷，协助维护社会治安，向人民政府反映村民的意见、要求和提出建议。

很显然，上述规定的基本意思是：

1. 村民委员会不是国家行政机关，而是群众自治性组织

村民委员会的性质特点，使它区别于国家政权机关。在我国，国家政权机关包括国家权力机关、行政机关、审判机关和检察机关。而村民委员会不是国家政权机关的任何一种，也不是国家政权机关的派出机关。在实际工作中，有的把村民委员会当成乡镇人民政府的派出机关，当成乡镇政府的“腿”，将不该由基层自治组织从事的行政工作交给村民委员会去做，或者包办村民自治范围内的事项，这些都是同村民委员会性质不符的做法。

2. 村民委员会主要是向政府反映意见，最多“协助维护社会治安”

村民委员会由于其地位的特殊性，起着“兵头将尾”“承上启下”的作用，是村民同人民政府之间的纽带和桥梁。村民委员会来自村民，生活、活动在村民之中，熟悉底层情况，了解民众的意愿和心声。如村民在生产、生活上有什么要求和困难，需要给予什么样的支持和帮助，民众在关心什么、思考什么，对政府及其工作人员有什么意见、建议等。

在我国，维护社会治安，保证人民的生命财产安全，维护正常的社会秩序和经济秩序，是公安行政管理机关的一项重要职责。但是，在我们这样一个人口众多、地域辽阔的大国，仅靠公安机关来维护社会治安是不够的，必须动员和组织广大人民群众参加社会治安工作。因此，法律赋予村民委员会协助人民政府维护社会治安的任务。村民委员会的这一任务主要是通过下设的治安保卫委员会来完成的。

当然，这也是中国特色。既然是群众性自治组织，怎么还“协助维护社会治安”?

有的时候就“以国家工作人员论”

上文已经讲了：村民委员会成员不是国家干部。但任何事情都不是绝对的，村民委员会成员，在有的时候可以当作国家干部，即“以国家工作人员论”。那么在什么时候、什么情况下“以国家工作人员论”呢？

2000 年 4 月 29 日第九届全国人民代表大会常务委员会第十五次会议通过一个“立法解释”，专门对村民委员会成员“以国家工作人员论”的情况作出如下规定。

村民委员会等村基层组织人员协助人民政府从事下列行政管理工作，属于《刑法》第九十三条第二款规定的“其他依照法律从事公务的人员”：

（一）救灾、抢险、防汛、优抚、扶贫、移民、救济款物的管理；

（二）社会捐助公益事业款物的管理；

（三）国有土地的经营和管理；

（四）土地征收、征用补偿费用的管理；

（五）代征、代缴税款；

（六）有关计划生育、户籍、征兵工作；

（七）协助人民政府从事的其他行政管理工作。

村民委员会等村基层组织人员从事前款规定的公务，利用职务上的便利，非法占有公共财物、挪用公款、索取他人财物或者非法收受他人财物，构成犯罪的，适用《刑法》第三百八十二条和第三百八十三条贪污罪、第三百八十四条挪用公款罪、第三百八十五条和第三百八十六条受贿罪的规定。

从上述规定中可以看出：村民委员会成员，本是老百姓，犯了“贪污罪”“挪用公款罪”“受贿罪”等“富贵病”。这些“富贵病”只有有一定身份和地位的人才有资格犯，但在上述情况下，就不一样了。这里的问题是，上述立法解释中有几个问题还有待“解释”。

1. 关于“村民委员会等村基层组织”

以前有学者认为，中国的立法大多有个“等”字，这个“等”一般有两种理解：一是对前面多个罗列的总结，不再有其他衍生，就此打住；二是对前面所列进行简单的小结，但还有其他更多的衍生，由于无法穷尽、一一列出，不得不用此“等”来概括。那么回到本立法解释，有人认为这里的“等”属于上述第二种情况，也就是除了“村民委员会”以外，还应包括与之相当的诸如“居民委员会”。

但笔者认为,本立法解释没有拓展解释之前,不应当将“等”字衍生到“居民委员会”。虽然“村民委员会”与“居民委员会”作用地位相当相似,但本立法解释明确限定在“等村基层组织”,也就是说,本立法解释针对“村”的基层组织,而不针对“村”以外的基层组织。而且从协助政府的几项工作来看,也是农村的基层组织的工作,而与城市的“居民委员会”不符。

至于“类推”到“居委会”,笔者也不太赞成。毕竟现在“类推”少用为宜。当然,这种立法的精神可以在司法实践中作为参考。

2. 仅指协助“人民政府”从事行政管理工作

前文已经论述,我们的国家机关比较多,“从事公务”的范围也很广。在基层工作,要面对多家上面的指导、管理,所谓“上面千条线,下边一根针”。好在立法解释已经明确规定:村干部仅在协助“政府”工作时才可以构成“从事公务”。言下之意,村干部在协助其他国家机关工作时,就不会以“从事公务”论,如协助法院、检察工作,协助军队,协助社团工作,等等。

3. 留下很多模糊地带

中国的立法也好,司法解释也好,一般总要在最后来个“兜底”条款,将其他无法列举的或现在还无法想到的情形,用一句类似的话将其并列。本立法解释也是如此:“(七)协助人民政府从事的其他行政管理工作。”

有这么一个“兜底”条款,就给人无限的想象空间;有如此大的空间,就给司法带来困难。

4. 村党支部属于“等村基层组织”

上文虽然已经阐述了有关如居委会等组织不属于“等村基层组织”,但村党支部仍然归属于“等村基层组织”。因为其与村民委员会互为依托、紧密联系,也属于村的基层组织。更为重要的是,党的机关历来被认为属于国家机关。

◎协会工作人员

在社会实践中,每个行业几乎都有自己的行业协会,同行业的人有共同语言,便于沟通交流、切磋技艺。由于协会不是专门机构,是松散型组织,需要聘请一些工作人员来做一些会员间的沟通、组织、联络工作。对于这些协会的"工作人员"身份的认定:如果该协会本身就是由"非国有"的客户组成的,那么这些"工作人员"自然也就归属到"非国家工作人员"的范畴。但如果这些协会本身是由"国有"客户组成,或者是由某个"国有"机构设立的,那么,这些"工作人员"如何定性呢?

我们先来看看佛教协会的工作人员如何定性。

佛教协会工作人员定性

2002年,浙江省人民检察院研究室向最高人民检察院研究室请示:佛教协会的人员能否构成公司企业人员受贿罪?最高人民检察院的答复如下。

浙江省人民检察院研究室:

你室《关于佛教协会工作人员能否构成受贿罪或公司、企业人员受贿罪主体的请示》(检研请[2002]9号)收悉。经研究,答复如下:

佛教协会属于社会团体,其工作人员除符合刑法第九十三条第二款的规定属于受委托从事公务的人员外,既不属于国家工作人员,也不属于公司、企业人员。根据刑法的规定,对非受委托从事公务的佛教协会的工作人员利用职务之便收受他人财物，为他人谋取利益的行为，不能按受贿罪或者公司、企业人员受贿罪追究刑事责任。

最高人民检察院

2003年1月13日

上述答复是十分明确的，佛教协会人员如果受贿，将不会构成公司、企业人员受贿罪，理由是佛教协会既不是公司也不是企业，其人员即使受贿也不会构成公司、企业人员受贿罪。

龚建平有点"冤"

我们注意到，此答复的时间是2003年初，使人联想到足球黑哨龚建平事件也发生在这段时间。为什么当时最高检认为龚建平可以构成公司、企业人员受贿罪？这就是一个"乱"字作祟。

龚建平隶属于"足球协会"，佛教人员隶属于"佛教协会"。两个都是协会，为什么"足球协会"属于"公司、企业"，而"佛教协会"不属于"公司、企业"呢？

当时的法院还认为龚建平属于"受委托履行公务"的人员，还用"受贿罪"给判刑了，所以笔者说龚建平有点"冤"。从笔者的角度看，两个协会并无本质性的区别，都是"协会"。

还有受贿罪的可能

从最高检察院的答复可以看出，佛教协会人员可以排除公司、企业人员受贿罪，但其表述是有前提的，那就是"对非受委托从事公务"的佛教协会人员。那么，换句话说，对"受委托从事公务"的佛教协会人员呢？其受贿会是怎样的结果呢？

如果是"受委托从事公务"的佛教人员收受贿赂，那就不是"公司、企业人员受贿罪”的问题了，而直接就是“受贿罪”了。不是不构罪，而是构重罪。

至于佛教协会中，什么是“受委托从事公务”，可能又会引起一番争议。

现在可以“非公受贿罪”论处

现在对于上述两类人员，均可以相应的罪名“对号入座”了——“非国家工作人员受贿罪”。《刑法》已经修正了，对于一些不是国家工作人员，也不是公司企业人员的人员，如果受贿犯罪，可以定“非国家工作人员受贿罪”，也就是通俗所称的“非公受贿罪”。

所以，不管是龚建平也好，佛教协会的人员也好，如果现在收受贿赂，还是可以构成犯罪的，即构成“非公受贿罪”。从这点讲，龚建平也不是很“冤”，至少在现在他的行为也是犯罪。但在当时，根据罪刑法定的原则，既然法律给遗漏了，就不能定罪量刑，更何况还给判了更重的“受贿罪”，这是有点“冤”的。

◉以工代干人员

这个词组中，“工”即工人，与之相对应的是“干”，即国家干部。在计划经济时代，这两个身份是很重要的。用现在的话讲，有点“蓝领”与“白领”的区别，但这不是问题的本质，真正意义上的区别应当是“国家工作人员”与“非国家工作人员”的区别。但是，在计划经济时代，国家干部人手少，有些工作需要由“工人”来代替工作，即“工人”身份的人做着“国家干部”的工作，过去称之为“以工代干”。由于法律对于不同身份的人有不同的要求，定罪量刑也是不同的，由此带来一个比较重要的问题：对“以工代干”的人到底按“国家工作人员”来对待呢，还是按“非国家工作人员”来对待呢？

我们先看一则最高人民检察院法律政策研究室《关于集体性质的乡镇卫生院院长利用职务之便收受他人财物的行为如何适用法律问题的答复》。

2003年4月,最高人民检察院法律政策研究室在致山东省人民检察院研究室函中如此表述:

> 山东省人民检察院研究室:
>
> 你院《关于工人身份的乡镇卫生院院长利用职务之便收受贿赂如何适用法律问题的请示》(鲁检发研字[2001]第10号)收悉。经研究,答复如下:
>
> 经过乡镇政府或者主管行政机关任命的乡镇卫生院院长,在依法从事本区域卫生工作的管理与业务技术指导,承担医疗预防保健服务工作等公务活动时,属于刑法第九十三条第二款规定的其他依照法律从事公务的人员。对其利用职务上的便利,索取他人财物的,或者非法收受他人财物,为他人谋取利益的,应当依照刑法第三百八十五条、第三百八十六条的规定,以受贿罪追究刑事责任。

上述答复表明,不管行为人原先是什么出身,哪怕是工人出身(主要与国家干部的身份相对应),只要由卫生行政主管机关任命其当院长的,就属于"受委托"的"其他依照法律从事公务的人员",如果收受贿赂,可以构成"受贿罪"。

这是比较典型的"职务说",也就完全看行为人的"职务"来定性其行为,而不管其身份(相对应的就是"身份说")。

2003年,仍是一个比较"模糊"的年代,对像医院这样的单位,是归不进"公司、企业"的,属于"事业单位"。而当时的法律又只有

“公司、企业人员受贿罪”，但对于医院这样的单位领导人员收受贿赂又必须惩罚，怎么办？只有拔高，将似是而非的医院院长等拔高为“其他依照法律从事公务的人员”，也就是有的学者讲的“准国家工作人员”。但客观地讲，为了惩处这些玷污白衣天使形象的腐败分子而随意“拔高”其政治地位，显然是不妥的。但当时老百姓对这些现象恨之入骨，司法高层就变相适用法律。

首先，笔者以为，像上述的这样的答复已经不再适用，因为此后《刑法》已经进行了修正，有了专门的罪名“非国家工作人员受贿罪”，将医院这样的单位包括进去了。

其次，最高检用“函”的形式，也是不妥当的。这是一个非常严肃的问题，牵涉到法律的适用问题。

现在对于医院这样的单位的工作人员收受贿赂一般分为两类情形：如果系国家工作人员在采购医疗设施、药品等过程中收受贿赂，可以定性为“受贿罪”；对于一般医护人员，在开列处方、治疗病人过程中收受“红包”等好处的，可以定性为“非国家工作人员受贿罪”。（具体可以参见本书相关章节，此节不再细述。）

第五节　身份之殇

◉裁判的黑哨罚得重

2001年，中国大地掀起了一场反足球黑哨的行动。当时的黑哨龚建平成为全国上下皆知晓的著名人物。最终，龚建平身陷囹圄，被判有期徒刑10年。

首先声明：笔者并无意认为龚建平吹黑哨是对的，而是认为其所背负的罪名从法律上讲是错误的。为什么呢？

前文已经说过，个人的受贿罪主要有两个罪名："受贿罪"和"非国家工作人员受贿罪"。受贿罪规定于《刑法》第三百八十五条，其主体是国家工作人员，而"非国家工作人员受贿罪"规定于《刑法》第一百六十三条，其主体是非国家工作人员，也即公司、企业或其他单位的工作人员。那读者可能就会说：龚建平必为二者之一，不是国家工作人员，即为非国家工作人员。

但当时的情况不是这样的。龚建平案发之时，《刑法》未规定"非国家工作人员受贿罪"这个罪名，而是"公司、企业人员受贿罪"。很显然，龚建平所在的"足球协会"不会是"公司"，也不会是"企业"。那龚建平自然也就不会是"公司、企业的工作人员"，如此，龚建平就不会构成"公司、企业人员受贿罪"。

那龚建平是"国家工作人员"？一个足球协会聘请的裁判是国家工作人员？在体育比赛时担任裁判就是"执行公务"？这也有些牵强。

但当时，群情激奋，打假浪潮一浪高过一浪。在某些情况下，可以说是"舆论绑架了司法"：要求严惩假球、黑哨，净化足坛。

但惩罚的依据成了问题。"罪刑法定"是个基本原则，法律没有规定的，不能构成犯罪。也就是说，如果要处罚，必须有法律事先明确作出规定，在法律条文上有具体明确规定才行。但当时的刑法条文内，并没有适合处罚足球裁判的条文，怎么办？

最高检察院下发《通知》

最高人民检察院于2002年2月25日就此专门下发通知，要求依法正确处理足球黑哨腐败问题。

通知指出，足球黑哨问题是当前的一个社会热点问题，这一问题既有严重的社会危害性，又具有敏感性。各级人民检察院尤其是相关地方人民检察院对此必须予以高度重视,要从维护社会稳定和依法治国的高度认识和处理相关问题。

通知指出,对于一般的违反行业规章的行为,应由行业主管部门依照行业管理规章对有关人员进行处罚;触犯刑律的,应由行业主管部门移交司法机关依法追究刑事责任。对相关人员的处理,要体现处罚少数、教育多数的精神,严格掌握政策。

通知要求,对于有关单位和个人对"黑哨"问题的举报,检察机关应当依法受理,同时将处理结果通知举报人。对于行业主管部门移送的涉嫌犯罪案件,如果属于检察机关管辖的,应当依法立案侦查;对于不属于检察机关管辖的,应当依法移送主管机关处理。

通知指出:根据目前我国足球行业管理体制现状和体育法等有关规定,对于足球裁判的受贿行为,可以依照《刑法》第一百六十三条的规定,以公司、企业人员受贿罪依法批捕、提起公诉;对于国家工作人员涉嫌贿赂犯罪的案件,应当依法立案侦查、提起公诉,追究刑事责任;对于其他相关的犯罪行为,应根据案件的具体情况,确定适用刑法问题。

通知虽然发出了,公众的怒气可能因此也消了一部分,但最高检察院似乎有些"内疚":通知要求,各地对于处理"黑哨"问题过程中遇到的重要情况和适用法律中的疑难问题,要及时层报最高人民检察院。对于需要作出司法解释的,最高人民检察院将会同有关部门及时作出司法解释;对于需要作出立法解释的,将提请全国人大常委会作出立法解释。

法院不认同检察院的定性

最高检察院主张将裁判收钱吹黑哨的行为定性为公司、企业人员受贿罪,意在解决"黑哨"行为的法律适用问题,检察机关也随之以"企业人员受贿罪"对龚建平提起公诉。

但法院在随后的审理中,并没有认同检察机关的定性,最终以"受贿罪"对龚建平定罪量刑。

对裁判身份理解上的分歧之大,由此可见一斑。

一方面,如果只要某人的工作能与国家公务挂钩,就要归入国家工作人员的范畴,显然有"拔高"的嫌疑;另一方面,裁判收钱吹黑哨,也明显具有社会危害性,不处理、不追刑责似乎"不足以平民愤"。

但严格来讲,既然不是国家工作人员,也不是公司、企业的工作人员,就不能构成受贿罪或公司、企业人员受贿罪;既然不是履行公务,就谈不上受贿犯罪。根据法无明文不为罪的原则,那时的龚建平似乎无罪——因为法律遗漏了。

迎来《刑法》修正

2006年,全国人大常委会对《刑法》进行修正,将《刑法》第一百六十三条的主体予以扩充,由"公司、企业的工作人员"扩充为"公司、企业或者其他单位的工作人员"。这样一来,该罪的犯罪主体实际上便囊括了国家工作人员范畴以外的所有人员,该条罪名随后也由"公司、企业人员受贿罪"修改为"非国家工作人员受贿罪"。

这项修改的合理性与科学性显而易见。国家工作人员和非国家工作人员是一对虽然对立却互为补充的概念,法律主体的外延便具有了周延性,不再存在任何处罚上的漏洞或真空地带。就足球行业而言,球员也好,教练也好,俱乐部的工作人员也好,都可归属非国家工作人员之列。足球裁判不属于国家工作人员,便理所当然地归入了"非国家工作人员"中的"其他单位的工作人员"范畴。有了这样的刑法修正做铺垫,在这次的反赌扫黑中,便再没人对裁判的主体身份提出质疑了。

四名黑哨正确领刑

2012年2月，历时两年多的足坛反黑再次迎来了一批刑事判决，4名足球"黑哨"各领其刑，罪名均涉及"非国家工作人员受贿罪"。

按照《刑法》第一百六十三条对非国家工作人员受贿罪的规定，收受贿赂数额较大的，处5年以下有期徒刑或者拘役；数额巨大的，处5年以上有期徒刑。4名"黑哨"的受贿数额从49万元至140余万元不等，均已达到"数额巨大"的标准，应处5年以上量刑，再结合每个人具有的自首、坦白或其他法定、酌定从宽情节，分别量刑。应该说，对4名"黑哨"的判决结果是比较合理的。

◉局长的翻译费不好挣

案情回顾

20世纪80年代，中国大地迎来改革开放的春天。尤其是东南沿海地区，如浙江、福建等地，有很多人走出国门，到外面去闯荡世界，打拼天下，开创事业。

但出国需要办理出国手续，需要办理大量的公证。

其中福清公证业务占到福建全省四分之一。

出国人员在办理公证手续时需要翻译一些文件，由于福清公证处没有翻译人员，也没有翻译设备，需聘请福清当地中学的老师做翻译，公证处的工作人员将代为收取的翻译费直接付给翻译老师。

后来，负责翻译的老师移民。有人听说福清司法局局长黄政耀精通英语、西班牙语等多国语言，便上门求助。

据了解，黄政耀本科毕业于复旦大学，研究生毕业于中国社科院。他曾在海军某部长时间工作，后来从部队转业到福清司法局，历任公证处副主任，司法局副局长、局长。

据黄政耀亲属介绍，黄政耀最早开始利用业余时间兼职翻译是在1989年。每次翻译文书收费20元，均由公证处公证员负责代收，黄政耀获取其中8元，另外12元则给公证处工作人员，作为代收翻译件的劳务费等。

1989年至2002年的13年间，黄政耀的20元翻译文书收费价格均保持不变。

但检察机关认为，黄政耀收取的翻译费属国有资产，对其以贪污和滥用职权两个罪名立案追诉；对帮助黄政耀收取翻译件和翻译费的林某以私分国有资产罪、贪污罪进行追诉；对福清市公证处以私分国有资产罪进行追诉。

2003年2月，检察机关将黄政耀和公证处公诉至法院，起诉书认定黄政耀“滥用职权致使公共财产遭受重大损失”“利用职务之便贪污所得178318元”。

2003年3月，黄政耀在被公诉后一个月获得取保候审。同月，福建省司法厅致函司法部，请示关于公证文书的翻译问题。回函显示，司法部当时派出中国公证员协会、司法部律师公证工作指导司组成联合调查组到福州调查。

2003年5月10日，调查组得出结论，本案中的翻译行为应当界定为翻译者与当事人之间的民事承揽合同行为，而非公证处行为。公证处未提供翻译服务而不能收取费用，故翻译费属劳动者合法收入，而非公证处收入，更非国有资产，检察机关的指控缺乏政策法律依据和证据支持，不能成立。此后，福建当地政法系统多次开会讨论该案，均没有明确结论，此案一拖便是6年。

2009年4月7日，检方对黄政耀作出收押决定。因当时警方未找到黄政耀，便将其列为网上追逃人员。

2011年，黄政耀归案后被关押。黄政耀到案后，一审法院恢复审理。

2012年，因超期羁押，黄政耀再次被取保候审。

2014年，黄政耀在案件即将开庭前被再次收押。

2014年6月10日，法院一审判处黄政耀有期徒刑11年。值得一提的是，检方指控黄政耀的涉嫌滥用职权罪，法院未予采纳。随后黄政耀不服判决提出上诉。

2014年10月15日，案件二审开庭。

2015年5月18日，福州中院对黄政耀案进行宣判，撤销一审法院判决，判决黄政耀无罪。

二审法院终审判决

经二审法院审理查明，一审判决中认定黄政耀占有翻译费的事实清楚，法院予以确认。但二审法院指出，黄政耀的这一行为不构成贪污罪。

二审法院认为，首先，黄政耀利用个人专长，在业余时间翻译涉外公证文书，其收取的翻译费应归个人所有，翻译费虽存放于福清公证处副主任林某处，但不宜据此将其认定为《刑法》第九十一条规定的“在国家机关、国有公司、企业、集体企业和人民团体管理、使用或者运输中的私人财产”，因此黄政耀收取的翻译费不能认定为公共财产。法院称，黄政耀的行为并未导致国家、集体或他人的财产利益受到损失，不具有社会危害性。

因此，二审法院认定，一审判决认定的黄政耀构成贪污罪不当，应予以纠正。福州中院判决，撤销福清市法院的一审判决，判决黄政耀无罪。

第三章　爱财有道:有些钱不能赚

第一节　贿赂犯罪的常见形态

◉感情联络类

逢年过节收点礼

实践中有一种现象:请托人放长线、钓大鱼,平时就进行“感情投资”或“提前投资”,一般在“投资”时期没有请托事项。而当“有事情”发生时,提出请托事项,算作收获前期投资的回报。这种情况比较复杂,复杂就复杂在怎么来认定“平时的感情投资就是为了后来出事的请托”。如果这个能够认定,则当然是一种受贿。问题是当时的“感情投资”与后来的“请托事项”可能没有直接的证据进行“链接”。

因此,在司法实践中,一般有以下两种认定:

(1)纯属感情投资。对于收受他人不具有具体、明确请托事项的“感情投资”的行为,一般不能认定为受贿犯罪。实践中是有一些人,为了标榜自己的身份地位,炫耀自己的人脉关系,与某个领导走得比较近,逢年过节串个门送个礼,该领导也都收受了。但送礼者不是以谋取不正当利益为目的,仅是为了“显摆”。这种情况,不宜作为行贿受贿认定。

当然,随着时间的推移,这种送礼的性质可能发生变化:这种"显摆"演化成谋取经济利益等的手段;如果发生了变化,则以发生了变化的情况进行认定。

(2)为日后之需铺路。如果"感情投资方"多次给予领导数额巨大的财物,其目的也在于以后"有事"时领导能够"关照";而接受感情投资一方,对于感情投资的人这种目的也心知肚明,最后接受具体请托为其谋利的,应当将多次收受的数额巨大的财物予以累计,以受贿犯罪论处。

如何判别

(1)看财物的价格。行贿受贿的财物价值一般较大,往往与所请托、谋取的利益成正比。"感情投资"的财物通常不大,所送财物除过年过节的消费品、日用品及小额购物卡外,现金数额不大。贿赂的财物一般侧重于经济性、价格性,而"感情投资"的财物一般侧重于礼节性、实用性。对财物价值的评判,还要与当地经济发展水平、当地社会习俗习惯、双方的家庭财产状况等相联系。

(2)看财物的回报。行贿受贿行为必将追求"回报",因其有明显的"目的"存在;所谓"无故不起早""不做亏本买卖"就是行贿者的基本心态;行贿就是为了获取更大的利益,这种利益可以是经济上的,可以是政治上的,也可以是其他方面的。但"感情投资"不以追求"回报"为目的,或即使追求"回报",也是非政治上、非经济上的,很可能是生活上、情感上的。

(3)看双方的关系。行受贿者不局限于有上下级关系的人或其他平时有联系的人,有的甚至根本不认识,即使认识也多是平时"不交"或"小交",或称泛泛之交,而有事则交、有利即交、重利大交。"感情投资"一般是送收财物者间存在着内部上下级行政隶属关系或是存在战友、同学、老乡、前同事等密切联系,认识交往时间较长。但司法实践中经常出现所谓的“干女儿”“干爸爸”等临时性的、非血缘的、非婚姻的“干亲”，中间的“猫腻”就比较多，也是司法机关需要甄别的重点。

(4)看行为的后果。行贿受贿一般涉及损害国家或单位、他人的利益及公正原则来满足请托人的请托企图。“感情投资”行为一般不损害国家、单位或他人利益及公正原则，纯粹或主要是密切两人、两家之间的关系、友情。

(5)看财物的往来。行贿受贿往往是“一边倒”，也就是侧重于一方向另一方“赠送”，很少见另一方向这方反向赠送，即“回赠”。一般情况是一方的“赠送”不论在次数上、价格上均多于另一方，另一方即使有“回赠”也是象征性的。而“感情投资”往往在次数、价格上与“回赠”基本持平。

风险提示

客观地说，平时的感情投资多半带有铺路性质。送礼的人投资的感情，大多是为了日后能够用得着“这条线”“这层关系”；作为收受人来说，当送礼者真的提出请托事项时，一般也会“帮忙”，因为毕竟平时已有感情投入与交往。这就落入了上述第二种情况的窠臼，涉嫌犯罪的可能性极大。作为领导干部婉拒这种“感情投资”才是上策，不要贪图小便宜。

以下是两则关于认定行贿受贿的具体案例。

黄胜受贿案

《刑事判决书》摘要

江苏省南京市中级人民法院

(2013)宁刑二初字第5号

……

关于辩护人所提的"黄胜收受于某某给予的人民币10万元属亲友间的馈赠，不构成受贿"的辩护意见，经查，黄胜与于某某于2009年认识并开始交往，黄胜应于某某请托为中天公司协调办理《进济施工备案证》，于2010年春节、2011年春节两次收受于某某各人民币5万元之间，两次收钱与请托、谋利密切相关。黄胜与于某某虽有亲戚关系，但认识时间不长且无对等的经济往来，两人之间的往来具有明显的权钱交易性质。对此，两人亦有明确供证，故辩护人的该辩护意见不能成立，本院不予采纳。

王国群受贿案

《刑事判决书》摘要

山东省聊城市中级人民法院

(2015)聊刑二初字第2号

……

关于被告人王国群的辩护人所提"起诉书指控中的39.6万元现金、购物卡，是王国群在过年、过节时收受的过节费，送礼金时没有任何具体请托事项，属于收受礼金的违纪行为，不构成受贿"的辩护意见。经查，该8起受贿犯罪中相关行贿人的证言及被告人王国群的供述证实，各行贿人均是基于王国群的职权，感谢并希望王国群继续利用职务之便给予关照，而给予王国群钱款或购物卡的，王国群对此亦具有明确的认知，属于权钱交易，且收受钱款和购物卡的金额已达到受贿罪立案标准，超出了人情来往和违纪评价的范畴,属于受贿犯罪。因此,辩护人的该项辩护意见不成立,本院不予采纳。

只收烟酒不收钱

很多人以为,行贿受贿只是现金的问题。很多领导干部也是这么认为的:钱是绝对不收的,这是底线;最多收点烟酒,因为烟酒不属于受贿的范围。这是真的吗?

我们先来看看法律是怎么规定的。

我国《刑法》第三百八十五条:国家工作人员利用职务上的便利,索取他人财物的,或者非法收受他人财物,为他人谋取利益的,是受贿罪。

从上述条文中我们明显可以看出:受贿犯罪的对象是“财物”而不是“现金”。既然是“财物”,那么应当不仅限于“现金”,“现金”无非是最典型、最方便、最通用的财物。

既然受贿犯罪的对象是“财物”,自然也就包括烟酒。

有人说烟酒是财物,但毕竟送点烟酒价值有限,一条烟、一瓶酒值不了几个钱。但我们不妨换位思考:如果烟酒的价值比较高呢?如果不是一条烟、一瓶酒,而是几十条、几十瓶呢?如此,价值就比较大了。

在司法实践中,有人凭借掌握部分权力的工作岗位,长年累月地收受烟酒,或大量地收受高档的名烟名酒。这种情形,与收受现金没有实质性差异,事实上也被司法机关认定为受贿。

比如,早些时候,浙江省某县级市一局长涉嫌收受的近百万财物中,有近一半是香烟票,总数达740条,价值42.7万元。该局长最终被法院判处无期徒刑。

比如,重庆市公安局原局长文强,被认定为受贿犯罪数额的相当一部分就是烟酒。

但也许有人会说:在许多地方烟酒是不作为受贿犯罪对象的,因为在最终的司法认定中没有出现烟酒的问题。

这是实践中的情形。但这并不表明法律上就可以将烟酒排除在受贿犯罪对象之外,也并不表明收受烟酒可以不被认定为受贿犯罪,而是在司法实践中,被告人有其他更严重、更多的犯罪可以认定,对烟酒的问题"网开一面""放一马"而已,但不能就此认为烟酒不是受贿对象。如果司法机关将烟酒部分折算成现金也是完全可以的,且严格依照法律本就应当折算成现金。

下面为一个具体案例。

徐某受贿案

《刑事判决书》摘要

浙江省武义县人民法院

(2014)金武刑初字第603号

……

经审理查明,2011年至2014年,被告人徐某在担任武义县人民政府办公室工交科科长、发展科科长、应急办副主任,武义县壶山街道党工委副书记期间,利用分管工业等职务之便,为他人谋取利益,非法收受颜某、胡某、应某、夏某、徐某、黄某、潘某甲、陈某,为与其搞好关系,便于在工业用地指标、规划、建设项目等方面得到其的照顾,而贿送的现金、购物卡、香烟票、手机等财物,共计价值人民币245000元。具体如下:

1. 2011年至2014年,被告人徐某非法收受浙江驰江工贸有限公司的颜某贿送的手机、购物卡、香烟票,共计人民币112000元。

2. 2011年11月，被告人徐某非法收受浙江汉力士船用推进系统股份有限公司的胡某贿送的现金20000元、杭州大厦购物卡30000元，共计人民币50000元。

3. 2013年至2014年，被告人徐某非法收受浙江英诚工贸有限公司的应某，先后两次贿送的购物卡共计人民币30000元。

4. 2013年8月，被告人徐某非法收受武义县嘉平健身器材有限公司的夏某贿送的福泰隆超市购物卡10000元、10条和天下香烟票价值9000元，共计人民币19000元。

5. 2013年9月，被告人徐某非法收受武义县莱曼汽车电子有限公司的徐某贿送的福泰隆超市购物卡人民币10000元。

6. 2014年春节前，被告人徐某非法收受浙江隆泰控股集团有限公司的黄某贿送的银泰购物卡人民币10000元。

7. 2014年5月9日，被告人徐某非法收受浙江荣荣实业有限公司的潘某甲贿送的武义红红烟酒店贵宾消费卡人民币10000元。

8. 2014年6月，被告人徐某非法收受武义县金顶建筑公司的陈某贿送的福泰隆超市购物卡人民币4000元。

2014年7月12日，被告人徐某被检察机关传唤到案后，如实供述了检察机关尚未掌握的犯罪事实，并退清赃款人民币245000元。

本院认为，被告人徐某在担任武义县人民政府办公室工交科科长、发展科科长、应急办副主任，武义县壶山街道党工委副书记期间，利用职务之便，为他人谋取利益，收受他人贿送的财物共计人民币245000元，其行为已构成受贿罪，公诉机关指控成立，本院予以支持。

◎折扣优惠类

买个打折的房子不可以吗？

中国已经进入市场经济时代，“房改”已经实行多年并告完毕。现阶段，国家工作人员要改善住房，一般要到市场进行自我调节。也即：国家工作人员改善居住条件，要到市场向房产开发公司购买。由于房产在公民收入中占较大比重，许多人以买到能够“打折”优惠的房产为荣。因为这里面，折扣越多，购房者获得的实惠就越多；且几个点的折扣可能就可以获得几万元、几十万元优惠。

这种市场行情，给行贿、受贿带来机会。

有的开发商以获取非法利益为目的，向国家工作人员提供低价、高折扣的房产；有的国家工作人员，利用自己职务上便利，向开发商购入高折扣的廉价房产。这种表面上看似正常的“买卖”，私底下实际暗藏着行贿、受贿的交易。国家司法机关将此称为“以交易形式收受贿赂”。

最高检和最高法规定，国家工作人员利用职务上的便利为请托人谋取利益，以下列交易形式收受请托人财物的，以受贿论处：

（1）以明显低于市场的价格向请托人购买房屋、汽车等物品的；

（2）以明显高于市场的价格向请托人出售房屋、汽车等物品的；

(3)以其他交易形式非法收受请托人财物的。

那么，这里就有一个问题：难道国家工作人员就不能买便宜的、打折的房产了吗？

正常的折扣是完全可以的，但是，在买入房产时，不能“明显低于”市场的价格；在出售房产时，不能“明显高于”市场的价格。这里面有几个关键性的问题。

什么是“明显低于”“明显高于”？

任何价格都在发生变化。不同时期、不同地段、不同结构、不同朝向、不同楼层等都可能带来价格的不同，如果要比较，就要选择“相同档次”或“近似档次”的房屋进行比较。假定身为读者的你系国家工作人员（下文均以此假设为前提），在同类房屋中，你的购买价格与其他人比略低或低得不多，一般是无法认定你受贿的；只有达到“明显”的程度，才有可能涉嫌受贿。这个“明显”的幅度，法律没有规定，司法解释也没有规定，只能在司法实践中具体掌握。比如，市场一般的价格为每平方米3万元，而开发商给你的价格为每平方米1万元，这当然就是“明显”低于市场价格；但如果，市场价格为每平方米3万元，开发商给你是每平方米2.5万元，这算不算受贿呢？这个尺度就比较难把握了。

“30%”的可能被认为是“明显”幅度

2009年最高人民法院《关于适用〈中华人民共和国合同法〉若干问题的解释（二）》第十九条规定：对于《合同法》第七十四条规定的“明显不合理的低价”，人民法院应当以交易当地一般经营者的判断，并参考交易当时交易地的物价部门指导价或者市场交易价，结合其他相关因素综合考虑予以确认。

“转让价格达不到交易时交易地的指导价或者市场交易价百

分之七十的,一般可以视为明显不合理的低价;转让价格高于当地指导价或者市场交易价百分之三十的,一般可以视为明显不合理的高价。”

因此,按照民事法律的规定,如果你的购房价格低于市场的30%,则有可能被认定为“明显”低于市场价格。反之,你出售的房屋,如果价格高于市场价格的30%,则也有可能被认定为“明显”高于市场价格。

同理,你在买卖其他商品时,也可参考30%的幅度。

折扣是否为特定对象单独而设?

上文讲了“30%”是个重要的幅度,那么,是否只要处于“30%”幅度内就一定“安全”呢?

不一定。应该这么说:超出30%肯定是“明显”;反之,如果存在其他情况,即使未达30%的幅度,也有可能属于“明显”。

由于交易对象、时机、总价等的不同,有些交易的优惠、折扣可能没有这么大,有5%、10%的折扣就可能是很大的优惠了。在这种情况下,优惠15%、20%照样可能构成受贿。那怎么理解?这就要看这“15%”“20%”的折扣是否为你单独而设。如果普通大众也能享受如此折扣与优惠,你享受了这个折扣则不构成受贿;反之,如果这种折扣与优惠仅你一个人享受,其他人享受不到如此折扣与优惠,那你就可能构成受贿。

折扣是否临时而设?

一般地讲,开发商为了取得销售业绩,在开盘销售前就定有销售的折扣与优惠措施,或根据面积,或根据楼层,或根据结构,等等。如果你的购房折扣与优惠在这些折扣范围之内,且系发开商事先已经存在的折扣与优惠,则没有问题;反之,如果开发商因为你要购房,而临时、新设折扣与优惠,且这些折扣与优惠又超出了原先范围,则你的购房行为就可能存在问题。

当然,因你而新设的折扣,之后又有人甚至多人也享受了这种折扣,这个问题就变得更加复杂了。这又要看之后的这些人,是否同为“领导干部”。如果大家都是领导干部,则可能大家都有风险;如果之后的这些人大多为“平头百姓”,则可能大家都没风险。

是否为他们的VIP?

根据最高检和最高法的规定,如果你的购买价格是开发商所设的,包括商品经营者事先设定的不针对特定人的最低优惠价格,根据商品经营者事先设定的各种优惠交易条件,以优惠价格购买商品的,不属于受贿。但问题是,开发商可能会设有专门销售给“达官贵人”类的VIP人群折扣。对于这种情况,就不能一概而论。关键要看VIP人群的组成结构。如果VIP都是官员,开发商专门以最大优惠销售给他们,则你享受此优惠可能还是存在一定的问题的。

当然,如果你只享受VIP的最大优惠,而不为他人谋取利益,则自然不构成受贿。

差价是受贿的数额

对于交易型受贿,受贿数额的认定有一定的难度。

按照司法解释的规定,受贿数额按照交易时当地市场价格与实际支付价格的差额计算。

也就是说,如果房子的市场价是100万元,你购买时只花了80万元,这其中的20万元差价就是你的受贿数额。

但这里又有一个新的问题——如何来确定你所购买的这套房子的市场价格?

最简单也是最常用的方法:委托有资质的中介机构进行评估。

但评估选取的“参照物”很重要。一般要求注意以下几点:

相同区域、地段;

相同结构、朝向、层次;

相同时间——应当是你购买时的市场价格,而非评估时的市场价格;

多选取参照物,以求得平均值;

对于别墅类房子,可能"相同"的房子难找,但至少接近于你的房子。

有资料显示[①]:

> 2009年至2013年浙江省立案侦查贪污贿赂、渎职侵权等职务犯罪案件6681件8311人,其中县处级以上干部769人,厅级干部38人,涉案金额高达62.5亿元。平均下来,每年浙江省要查处1700人左右。
>
> 实践中,房地产商、开发商会根据市场行情、客户性质的不同采取各种折扣方式,这种折扣也会因为对象权力的大小、关系的亲疏而有所差别。因此,不少干部认为打折是属于正常的市场交易,不属于受贿。这类认识误区在被查处的厅级干部职务犯罪案件中比较突出,省检察院曾做了一个粗略估计,一半以上的厅级干部受贿案件都涉及了低价购房或高价售房。

找了几个农民工帮忙装修一下,也不行?

很多领导干部买了新房,就会有包工头或其他"有门路"的人主动找上门来,要求帮助领导装修。装修的确也是一件挺烦的事,

① 《35岁以下年轻干部贪腐案猛增值得警惕》,《今日早报》,2014年5月31日。

既然有人主动愿意帮忙打理装修之事，何乐而不为？

实践中也确实如此。许多领导干部按照包工头提供的材料发票，支付了材料款。至于人工费，包工头一般会说：那要什么钱？干活的都是我自己的手下。这些领导干部也就默认了：反正该付的都付了，没有让包工头出钱。

但事实果真如此吗？

第一，包工头给你的材料款发票是否"缩水"？包工头为了讨好领导干部，一般都会将材料款"缩水"——或打折，或半送半卖。一般的折扣是没有问题的，如果折扣过低，或者干脆为领导干部而单设，就可能存在问题。

第二，人工也是钱。农民工就是出卖自己劳动力而换取金钱。因此，劳动力都可以用金钱来换算的。比如，泥工200元/天，木工300元/天，油漆工400元/天，等等，均是有价可循的。最高法、最高检明确规定：凡是可以用金钱来衡量的财产性利益均可作为受贿的对象。

因此，材料自然有其经济利益，劳动力也是有其经济利益的。无端受贿均可以构成受贿犯罪。

下为具体案例。

刘铁男受贿案

《刑事判决书》摘要

河北省廊坊市中级人民法院

（2014）廊刑初字第50号

……

2011年5月，被告人刘铁男指示秘书王某联系邱某某，了解邱某某是否认识从事房屋装修的人员，能否为其装修北京市西城区的住房。王某联系邱某某后，邱某某表示自己有朋友从事该项业务，一定会安排好，遂安排他人对该房屋进行装修并购置了家具。完工后，刘铁男始终未向邱某某付款。经鉴定，上述房屋装修的市场价格为65.59万元，邱某某购置家具花费了34.6062万元，两项共计100.1962万元。

房产所有人与受贿行为的认定

实践中，大宗的行贿受贿表现为赠送别墅、公寓的比较多。一方面别墅、公寓的价格高，显得行贿人出手阔绰、大方；另一方面，国人也偏好豪宅。研究领导干部受贿的数据后发现，不少领导干部是收受豪宅的，豪宅或在国内或在国外。

现在的问题是，房屋等财物是一种特殊商品，在我们国家，要证明自己拥有该套房屋，最为直接有效的证据是"不动产所有权证"，而房产证的取得要经过房屋管理机关的登记。我国的民事法律也是如此规定的。

但司法实践中：

(1)有人为了规避风险，而故意不去进行"登记"，使房屋永远不在自己名下，以此来否认这套房屋是自己的。

(2)受贿人考虑到如果房屋不在自己名下，也会带来其他风险：万一将来行贿人反悔或遭遇其他法律查封，房屋就没有保障。于是考虑将房屋产权证登记在自己亲属的名下。

对于上述两种情形，从民事法律上看，房屋的产权是不属于该受贿人的。但刑事法律是要透过现象看本质的，要从实质上去考虑分析该套房屋的实际所有人是谁。

两高的司法解释明确规定：

“国家工作人员利用职务上的便利为请托人谋取利益，收受请托人房屋、汽车等物品，未变更权属登记或者借用他人名义办理权属变更登记的，不影响受贿的认定。”

但笔者也有一个观点：这种产权不在自己名下的受贿，是否收受得不够完整、不够全面？也就是说这种房屋的权利是有瑕疵的。如果说权利完整的房屋价值500万元，那么这种产权不完整的房屋价值是否不到500万元？在量刑时是否可以适当从轻？

当然，如果行贿人已经将房产登记至自己能够实际控制的亲友名下，则如同完整的受贿，不存在“从轻”处罚一说。

受贿房屋的认定可能尚简单些，但对于受贿汽车的认定可能更难。因为存在一个“借用”的问题。借用，尤其是短时间的借用，与受贿是很难区分的。

在司法实践中，对以房屋、汽车等物品为对象的受贿，具体认定时，除双方交代或者书面协议之外，主要应当结合以下因素进行判断：

(1)有无借用的合理事由。这个理由必须是“合理”的。如果家里已经有车，再“借用”可能就说不通；如果需用车的路途很近或无须用车，“借用”也不一定成立。

(2)是否实际使用。说是“借用”，那么你实际“用”了没有？如果将“借来”的车辆长时间搁置在车库里，可能“借用”一说也不能成立。或者长时期内只偶尔使用一下，那么这种“借用”的理由就显得牵强。

(3)借用时间的长短。如果系“借用”，总有个时间问题，而且这种时间一般不会太长。如果长时间借用或“长期借用”，则与“实际占有”“实际拥有”没有本质上的区别，很容易被认定为受贿。

(4)有无归还的条件。正常的借用总有理由与时间的问题,当借用的理由消失后,没有归还仍然借用,或当借用的时间过了以后仍然继续借用,那么,这种"借用"就有"不想归还"或"不用归还"之嫌。

(5)有无归还的意思表示及行为。如果连归还的意思都没有,或者干脆连归还的话都没有一句,或者双方根本就没有考虑过归还的问题,则表明在主观上就没有正常借用的想法。如果"光打雷不下雨"——嘴上说要归还但并无归还的实际行动,或者多次有条件归还仍不归还,也将被认定为受贿。

◉暗度陈仓类

"我老婆是在他们单位工作的"

现实生活中,有人为了谋取不正当利益,讨好领导干部,安排领导干部的关系人员进自己的公司"工作",关系人员实际上不用上班,不用干事,但每月、每年可以像其他正式员工一样领取薪酬,甚至比正式员工还要多。

有几种情况:

第一,领导的亲属根本不去上班。这种情况是比较典型的"吃空饷"。亲属不劳而获,其所获取的薪酬,当然是该公司与该"领导干部"的权力交换的结果。在形式上表现为亲属拿的薪酬,但实质上还是"领导干部"获取的非法利益,领导亲属所获取的薪酬即是该"领导干部"的受贿。

第二,领导的亲属偶尔去上班,大多时间不在岗。这种情况比较难以认定,关键在于其不去上班的原因是什么。如果没有正当原因而不用上班,那获取这份薪酬就比较危险;如果有正当原因,比如健康原因，比如工作不用到单位“坐班”，在家里也可以完成，等等，这些情况属于“事出有因”。另外，也要看获取的薪酬与其工作成果之间有否成正比，与其他员工比是否正常。

第三，领导的亲属是正常上班但领取的薪酬明显过高。特定关系人虽然参与工作但领取的薪酬明显高于该职位正常薪酬水平的，其性质属于变相受贿。但考虑到当前一些企业，尤其是私营企业薪酬发放不规范，认定实际领取的薪酬与正常薪酬是否相当以及认定受贿数额，均存在困难，故现行的司法解释暂时没有规定为受贿。

第四，领导的亲属不用去上班，但亲属在其他方面作出贡献。这种“贡献”要看与亲属家里的那位领导干部的职权是否有关系，如果有关，则就是受贿；如果没有关系，则不是受贿。

“那我就不能安排我的亲属去工作了？”

这肯定不是绝对的。人总有七姑八姨、这样那样的亲属。你做领导，肯定也会有人请你帮着找工作。正常介绍工作是没有问题的。对远房亲戚帮助安排工作也是没问题的。

但是，对于“特定关系人”安排工作，就要谨慎了。

当然，特定关系人正常工作和正常领取薪酬的，不存在非法收受财物问题，不能以犯罪处理。

“吃空饷”受贿主要发生在给“特定关系人”安排“工作”。而“特定关系人”主要是指配偶、情人、其他近亲属。

“那是我赌博赢的钱”

行贿人在行贿时总会想尽办法要将钱“送”出去，赌博“输钱”就是一种基本的手段。有的人拉领导干部打牌，故意让领导干部赢钱，这就是一种经济利益的输送。有的领导干部每赌必赢，其他参与赌博的人恭维着称其手气好、技术高，殊不知其他人系故意为之。当然，真的因为技术好、运气好，而没有行贿受贿的主观故意，只是单纯赢钱而已，那不涉及行贿受贿问题；但是，双方"心照不宣"，打牌只是个形式，牌底下有更深层的意思，那就是行贿受贿。

为此，最高人民法院、最高人民检察院《关于办理赌博刑事案件具体应用法律若干问题的解释》第七条规定明确规定：通过赌博或者为国家工作人员赌博提供资金的形式实施行贿、受贿行为，构成犯罪的，依照刑法关于贿赂罪的规定定罪处罚。

中国法律虽然不允许赌博，但赌博无处不在。满街的棋牌房、老年活动室等不少就是赌博的场所。但这些赌博输赢，与法律意义上的行贿受贿还是有本质的区别的。那么，具体认定时，什么是赌博？什么是以赌博为名行行贿之实呢？

在具体认定时，主要应当结合以下因素进行判断：

(1)赌博的背景、场合、时间、次数。赌博有否专门的起因？赌博是否在请托事项之后进行？赌博是否由请托事项人或中介人撮合？是否在请托事项之前也存在赌博的情形？

(2)赌资来源。赌资是各自拿出还是专门有人垫资提供？输钱方是否有专门资金用于这种赌博或这场赌博？输钱方所输之钱是公司开支还是个人开支？

(3)其他赌博参与者有无事先通谋。对于参与赌博的人是否精心挑选？时机是否精心选择？输钱者之间是否通谋？是否商量以何种方式输钱？

(4)输赢钱的具体情况和金额大小。输赢额数是区区数百元还是几万、几十万元？参与赌博者对于输赢是"斤斤计较"还是"无所谓"？输钱者是否输了钱比赢了钱还开心？

“向朋友借钱用总可以吧？”

如果纯粹是向别人借钱，特别是向朋友借钱，那是没问题的。但是，问题就出在有些人并不一定是“朋友”。这倒不是说有些出借人“乱说”——将正常的借款说成是行贿，而是出借人出借款项时，其心态本身是“双重”的：可以作为借款，也可以作为贿赂。如果借款人归还，则最好；不归还，权当“送礼”。行贿人的这种“两可”心态，对借款人是相当不利的。

实践中，有这样的情况：

行为人出于索贿的目的向出借人借款，而出借人也出于行贿的目的向借款人放款。这种情况，就不是民事借贷，而是刑事贿赂，只不过是“披着羊皮的狼”——用合法形式掩盖非法目的。

因此，“朋友”间借款，要从以下几个方面来防范风险。

是否为真正的朋友。有人会讲，“朋友”的身份怎么来判断？

朋友间应当是早有来往、经常来往、平等来往的。不是昨天才认识的，不是因本案才认识的。

朋友间应当在吃饭、娱乐等消费上互有买单，而不是单纯地“一边倒”，由其中的一方买单。

朋友间应当是没有隶属关系，也没有管辖关系的。换句话说，这种朋友关系的好与坏，不会影响到生产经营等。

向有隶属关系的“朋友”借钱，要特别重视。比如：领导干部向辖区内的企业、老板借钱；工商、税务、公安等工作人员向辖区内的企业老板借钱；等等。这类情况比较危险。

当然，并不是具有隶属关系的两人之间不能发生借贷关系，而是说具有隶属关系的两人之间发生借贷关系容易被“误判”，正常的借贷还是可以的。但正常的借贷应当坚持以下原则。

借款有正当理由。现实生活中最后“倒下去”的不少领导干部，有相当多的“借款”被司法认定为“受贿”，为什么？因为其“借款”时述说的理由根本不存在。比如要买房，其实根本没有买房这一说；又比如小孩要出国，其实小孩根本就没有出国。这就属于借款的理由不存在，也就是说客观上没有借款的必要。一旦借款不成立，那就是索贿，比一般的行贿要更严重。

借款最好也用于借款当时所说的用途。正如前述，如果所借款项真的用于小孩出国、购买房屋，那就说明借款是真实的，没有欺骗出借人，更不存在索贿的情形。当然，有时候也会出现资金被“挪用”的情况：本来是为了小孩出国、购买房屋而借款的，但后来出于客观原因，出国、购房之事均未实现，或将借款用于其他地方，如炒股、放高利贷等。这种情况也容易被“误判”。

借款要及时归还。既然是借款，那总要归还。如果及时归还了，那不存在问题，但如果没及时归还，就要看为什么没有及时归还了。是真的没有能力归还还是不想归还？如果是没有能力归还，那也没有问题；如果是有能力归还却没有归还，这就有问题了。

如何认定及时。既然是借款，总有个借期。写明借款期限的，最好遵守承诺，按期归还。如不能按期归还，也要有正当的理由，且不能长时间拖延。

有借有还，一般问题不大；但不能“出事了”再还，或“听到风声了”才还。没有出事，或没有听到风声，也不能长时间不还。这个“长时间”没有绝对标准。一般几个月可能不会被认定为“占为己有”，但3年、5年不还，就可能会被认定为“占为己有”。

如何认定归还能力。有能力归还而不归还，容易被认定为“占为己有”。这种归还能力的查询，是全方位的。欠款人的工资、奖金、股票、存款、房租收入、对外投资等等，应全部算入归还能力。

丁保泉贪污受贿案

《刑事判决书》(摘要)

河南省信阳市中级人民法院

(2014)信刑初字第19号

……

关于被告人丁保泉辩称起诉书指控受贿罪第九起杨某某的20万元应系双方正常借贷关系的辩解理由,经查,丁保泉以女儿结婚为由向杨某某借款之前双方并无经济往来;丁保泉家庭财产足以偿还该款项,直至案发亦无归还的意思表示;杨某某希望在工程款拨付上得到丁保泉的照顾,而丁保泉在拨付工程款时给杨某某提供了便利,故被告人丁保泉属以借款为名收受他人财物的行为,其辩解理由不能成立,本院不予采纳。

写了借条就不算受贿?

在司法实践中,经常会碰到有人咨询:收款一方给行贿人写个"借条"是不是就不是受贿而是正常借款了?也会遇到一些"法律圈"中人给受贿人出这样的"点子"。

真的是这样吗?回答是否定的。

第一,补借条未必是"好事"。有"借条"存在,只能说明有过款项往来的发生。从某种意义讲,可能弄巧成拙,变成"此地无银三百两":有此"借条",收款人自己就给自己证明了"确实拿到过他的钱"。至于这钱是什么性质,另说。

第二,刑事法律是重实质的。从民事法律关系的角度讲,要证明借贷关系的存在，借条是十分重要的载体。对于数额不大的款项（如5万元、10万元），凭着借条就可以证明借贷关系的成立。但刑事法律与民事法律对事实的认定是有区别的：一般地讲，民事重“形式”，刑事重“实质”。所谓“形式”就是指有无借条、有无借款合同、有无走账记录，有无进行工商登记、土地登记等；所谓“实质”，是透过现象看本质，看其他证据，尤其是已经形成证据链的证据能否突破、否定形式证据，如能突破、否定，则形式证据就会被取代，而采信实质证据。

因此，涉案的款项是否属于“借贷”，关键要看借贷关系的真实内容与本质。是民事借贷还是刑事贿赂，与是否有借条没有实质性的关系。不是说没有借条就是受贿，而有借条就不是受贿。司法认定没有那么简单。如果系真实借款，即使没有借条，也是民事借贷；反之，如果系真实贿赂，即使有借条，也是刑事贿赂。

第三，可能多一个民事救济机会。当然，与不写借条相比，写有借条至少给了出借人一个民事救济的机会。一旦借款人不履行归还或及时归还的义务，出借人至少可以凭此借条进行民事索偿。而没有借条，在借款人不归还的情况下，出借人可能连救济的途径都没有。

当然，如果此写有“借条”的所谓借贷关系被认定为刑事贿赂，则即使行贿人拥有“借条”也不能实现其“债权”。即使行贿人持此“借条”向法院提起诉讼，法院也不会支持其诉讼请求。因为借款人的这种“借贷”已经被认定为刑事犯罪，而法院支持的是借款人的合法权利，对这种非法权利是不予理会的。既然被认定为贿赂款项，就要被司法机关依法追缴；从受贿人处追缴回来以后应上交国库，而不是归还给行贿人。

因此，从这个角度讲，在都是贿赂犯罪的前提下，写有借条相对于不写借条，其犯罪的主观恶意可能相对较轻些。

孟继海受贿案

《刑事判决书》（摘要）

山东省泰安市中级人民法院

（2015）泰刑二终字第14号

……

本院认为，上诉人孟继海利用担任新泰市第二人民医院院长的职务便利，非法收受或索要他人财物，为他人谋取利益，其行为构成受贿罪，应依法处罚。关于孟继海及其辩护人提出的“与刘某某之间系借贷关系，原审认定收受刘某某40万元构成受贿罪错误”的上诉理由和辩护意见，经查，现有证据证实，孟继海在担任新泰市第二人民医院院长期间，为刘某某提供了向该院销售医疗设备的交易机会，离职后多次以借款的名义向刘某某索要二人事先约定的回扣款40万元，虽然都出具了借条，但二人之间明显地存在一定程度上的制约关系，从2005年第一次收受20万元至案发，在长达数年的时间里，孟继海没有过归还的意思表示和行为，且又以同样的方式三次收受钱款，而以孟继海及其家庭的收入状况完全有能力偿还而未偿还，因此，该上诉理由和辩护意见不能成立，不予采纳。

◎假公济私类

"这礼物是对方送我个人的"——真的吗?

礼物还是公家的

在新闻中,我们会经常看到或听到某国元首赠送某国领导人某礼物。在新闻中虽然说送给"某某某"的礼物,但必须明白:这种赠送是在某个外交场合进行的,双方代表着各自的国家。因此,尽管互赠对方个人礼物,但礼物产生的基础是国家,故这种礼物绝对不是赠给某个人的。个人接收礼物,只是暂时的,代表国家接收而已。

《刑法》第三百九十四条规定:国家工作人员在国内公务活动或者在对外交往中接受礼物,依照国家规定应当交公而不交公,数额较大的,以贪污罪论处。

这里讲"国家规定",依据《刑法》第九十六条规定,主要是指全国人大及其常委会制定的法律和决定,以及国务院制定发布的规范国家工作人员在国内外交往中接受礼物行为的有关法规和决定。诸如《国务院关于在对外活动中不赠礼、不受礼的决定》《国家行政机关及其工作人员在国内公务活动中不得赠送和接受礼品的规定》《国务院关于在对外公务活动中赠送和接受礼品的规定》等等。

根据这些规定,国家工作人员在国内交往中不得收受可能影响公正执行公务的礼品馈赠;出于各种原因未能拒收的礼品,必须登记上交。这说明在国内外公务活动中,自国家工作人员接受礼物那一刻起,礼物的所有权便应归属于国家,受礼人只不过是代替国家临时"保管"(合法持有),本应在限制期内将该礼物登记上交。

假如受礼人在限期内不登记上交,而将对该礼物的合法持有转为非法占有,便属于对公共财物的侵吞,数额较大的,当然构成贪污罪。

这些场合的礼物也不能收

根据国务院《国家行政机关及其工作人员在国内公务活动中不得赠送和接受礼品的规定》(1998年12月1日发布)与《中共中央办公厅、国务院办公厅关于严禁党政机关及其工作人员在公务活动中接受和赠送礼金、有价证券的通知》(中办发[1993]5号文),"在国内公务活动接受礼物"具有特定的意义,这不仅指"国家工作人员在与本职工作有关的活动中接受礼物",而且包括如下几种情形:

(1)以鉴定会、评比会、业务会、订货会、展销会、招待会、茶话会、新闻发布会、座谈会、研讨会等各种会议、活动的形式和名义接受礼物;

(2)借春节、元旦、国庆节、中秋节或其他节假日以团拜、慰问等形式和名义接受礼物;

(3)以试用、借用、品尝、鉴定的名义收受礼物;

(4)以祝寿、生日、婚丧嫁娶等礼仪、庆典、纪念的名义接受礼物;

(5)以其他形式和名义收受礼物。

所谓"礼物",泛指一般馈赠品,包括实物(文物、古董及其他物品)和礼金及代币购物券、礼仪储蓄单、债券、股票等有价证券。就礼物的来源而言,包括国家、企事业单位、部门的公共礼物,也包括境内外私人礼物。

国家工作人员的"对外交往",包括对外从事政治、经济、军事、外交、文化、体育等各种公务活动。国家工作人员在上述公务活动中接受礼物，应当交公而不交公且数额较大的行为，应以贪污罪论处。

对于国家工作人员收受礼物隐匿不缴的行为，刑法之所以按照贪污罪论处，是因为该种行为完全符合贪污罪的主客观构成要件。就是说，自国家工作人员接受礼物时起，礼物的所有权就应归属于国家，受礼人只不过是代替国家临时保管，属于临时合法持有。行为人本应在限定期限内将礼物登记上交，但如果实施了非法占有行为，譬如秘密带回家据为己有或擅自以所有人的身份变卖或赠送他人，或者逾期拒不上交，长期个人占有支配等行为，已经表明其非法占有的故意，因此符合贪污罪侵吞公共财物的特征。

收受的礼物要在1个月内上交

不论代表什么单位，代表公家也好，代表私企也好，收受了他人赠予的礼物，都要及时上交。如果不及时上交，尤其是上交时间拖长了，与收受后不想上交的思想，在外人看来无法分辨。如果自己不想占有的，不如立马上交，免得授人以柄。

有些礼物，尤其是一些艺术品，虽然从性质上讲属于公家的，但代表公家收受以后，出于对艺术的喜爱，可以在合理的时间内，欣赏把玩，但不要超过1个月。如此，既不影响属于公家的属性，也可以自己“先睹为快”。国家在这方面也有明确的规定：

“国家工作人员在国内交往（不含亲友之间的交往）中收受的其他礼品，除价值不大的以外，均须登记；对接收的礼品必须在1个月内交公并上交国库，所收礼品不按期交公的，按贪污罪论处。”

当然，这“1个月”也不是绝对的。如果真有正当理由，超过1个月才上交，也并不会构成贪污或侵占。

价值200元以下的，可以自己拿走

按照国务院1993年的规定，在对外交往中“接收价值按照我国市价折合人民币二百元以上的礼物，应当自接受礼物之日起一个月内填写礼品上报单，并将应上缴的礼物上缴礼品管理部门或受礼人所在单位”。由此可知只有每件价值都在人民币200元以上的礼物，收受人才负有限期交公的特定法律义务。

价值不足200元的，一般可以自己拿走。有人也许要问：多件礼物加起来价值200元呢，还是1件价值200元？这个没有明确讲。一般是指每件200元以下的可以拿走。但如果数量很多，比如有外事接待部门，专门负责对外接待工作的，每天均会收到数件礼物的，那就不能将每件礼物都拿走。因为在这里，代表公家接收礼物本身就是应完成的工作，跟偶尔代表公家接收礼物的情形是不同的。如果系偶尔代表公家接收礼物，一年内收受了多件礼物，累计价值已经超出200元的，那也没有问题。

在商务活动中，也会遇到如此情形。商务活动中无非各自代表着各自的公司企业。因此，这种礼物也是属于公司企业的，不是属于具体接收者个人的。擅自占有这种礼物，属于占有公司企业的财物，属于职务侵占犯罪或贪污犯罪。

这是回扣，不是受贿？

在现实生活中，经常会遇到一些打折、返点、赠品等优惠。

对于打折

因为这种情况直接体现在价格体系中，直接将价格降下来了，对于买受方的经手人来说，从中没有利益可以取得，一般不存在贿赂问题。

对于赠品

如果存在问题，那就是这些“赠品”归谁的问题。举一个最简单的例子：公司要开年会，采购一批物品作为奖品。商店为了促进销售,明码标价:买一送一,即买一件大件商品送一件礼品。这个时候,如果购买一大批商品,可能会获得不少的礼品,而这些礼品加起来可能也价值不菲。有些大公司开年会总奖品价值数十万元,而随赠的礼品也会价值上万元。

对于一些低价值的赠品,公司的具体经办人将之拿走也就算了;但对于上万元甚至数万元的赠品,经办人私自拿走可能带来问题。

因为,从法理上讲,赠品因购买其他商品而产生;而购买其他商品系公司企业行为,系公司企业出资,因此而产生的赠品自然也归公司企业所有。如果经办人私自拿走,则变成经办人侵占公司企业财产的问题。如果赠品的价值较大,能够构成贪污或职务侵占犯罪。

对于返点

首先,这种“返点”所带来的经济利益均归属于公司企业,这是个前提,如同赠品。其次,如果将这些“返点”直接折算成现金后数额较大,那显而易见应归属于公司企业的资金,在这种情况下,经办人私自拿走该部分资金,就等于直接贪污或侵占公司企业的资金。

对于回扣

从性质上讲回扣就是返点,就是赠品。首先要明确一个前提:回扣的产生依赖于公司企业的购买行为,因此而产生的回扣归属于公司企业。我们经常听人讲到有人“拿回扣”,是指经办人瞒着公司企业将对方给的“优惠”经济利益私自享受。这种情况肯定是不被允许的。但不同的情况,可能构成不同的犯罪。

下列三种形式系从购买方经办人的角度出发。

第一,在价格谈判中,对方承诺给予回扣。

这种情况,购买的价格是完全与回扣挂钩的;这种价格是以回扣支付为前提的;这种价格已经十分明确地包括了回扣,也就是回扣已经被计算在价格之内了。这种回扣自然应当归属于公司企业。经办人私自拿走这种回扣,是典型的受贿。

第二,价格谈妥后,主动加价再索取回扣。

交易价格已经确定,购买方经办人主动提出:我(购买方)可以在此基础价格上加价,但所加之价的全部或部分作为回扣,返回给我(经办人)。这种情况,是交易价格已经确定,系购买方经办人损害自己公司企业的利益,将自己公司企业的经济利益额外地进行输送,其中全部或部分输送、转移至自己名下,这是典型的损公肥私、中饱私囊。尽管从形式上看,钱是从对方的口袋进入经办人口袋的,但实质上是经办人将自己公司企业的先转移至对方的口袋,再从对方口袋进入自己口袋,这与直接从自己的公司企业中将钱划入自己口袋是无异的。因此,其侵犯的是经办人所在公司企业的经济利益,是一种贪污或职务侵占,而非受贿。

第三,价格谈妥后,对方再提出给予回扣。

这种情况属于价格外的"优惠"。但不能因为这是价格外的、与价格无关的,就认为可以归属于自己个人。即使与价格无关,也是归属于公司企业的。因为从形式上看,与价格无关,实际上还是与价格紧密联系的,这是对方的一种销售策略,这种让利、优惠,实质上已经包含在对方的销售价格之中。根据这样的理解,经办人私自收取回扣,可以认定为一种受贿,至少也是一种非法所得,是一种不可能归属经办人的非法利益。

下为具体案例。

李某贪污、受贿案

《刑事判决书》(摘要)

河南省郑州市中级人民法院

(2014)郑刑二终字第270号

(李某系郑州市回民中学政教处原主任)

……

关于上诉人李某及其辩护人提出原判认定的贪污款项不是公共财产,不属于贪污罪的贪污对象的意见,经查,李某在代表郑州市回民中学采购床上用品的过程中,擅自提高床上用品价格并将差价款据为己有,该款项按学校规定应交学校相关部门处理,应以公共财物论。故该辩护意见不能成立。

受贿罪侵犯的客体是国家工作人员职务的廉洁性,李某非法收受他人回扣款46794元,归个人所有,其受贿罪已构成既遂,其事后处置赃款的行为不影响受贿罪的构成,其将赃款是否用于公务亦不影响受贿数额的认定。故上诉人李某及其辩护人提出李某将受贿款项用于支付宏志生的校服款及为班主任购买福利的款项应从受贿数额中扣除的意见不能成立,本院不予采纳。

佣金是合法的,可以大胆地拿

什么是居间合同?

很多人可能没有听说过这个词。我们不妨先看其概念和一些规定。

概念:居间合同是居间人向委托人报告订立合同的机会或者

提供订立合同的媒介服务，委托人支付报酬的合同。

规定：根据《合同法》第二十三章第四百二十六条，居间人促成合同成立后，委托人应当按照约定支付报酬。对于居间人的报酬没有约定或者约定不明确，依照本法第六十一条的规定仍不能确定的，根据居间人的劳务合理确定。因居间人提供订立合同的媒介服务而促成合同成立的，由该合同的当事人平均负担居间人的报酬。

看了概念与规定，可能还是云里雾里。其实，说简单了，"居间"就是"介绍""中介"，就是介绍人、中介人接受委托人的委托，从中提供信息，穿针引线，促成合同双方交易成功。而在这个过程中，介绍人、中介人，也就是居间人，则可以从中获取经济利益。说白了，那就是介绍费。在国外，那就叫作"佣金"。最为典型的就是现在满大街的"房屋中介"，其运作方式就是居间行为。

转换成书面语言：

居间合同是由居间人向委托人提供居间服务的合同。

居间人向委托人报告订立合同的机会或者提供订立合同的媒介服务，委托人是否与第三人订立合同，与居间人无关，居间人不是委托人与第三人之间的合同的当事人。

居间人对委托人与第三人之间的合同没有介入权。

居间人只负责向委托人报告订立合同的机会或者为委托人与第三人订约居中斡旋，传达双方意思，起牵线搭桥的作用，对合同没有实质的介入权。

当居间人促成合同成立时，居间活动的费用由居间人来负担。但是，若居间人未促成合同成立的，可以要求委托人支付从事居间活动支出的必要费用，但不得要求委托人支付报酬。

所以，居间作为中介的一种形式，其宗旨是把同一商品的买卖双方联系在一起,以促成交易后取得合理佣金的服务。

“佣金”是完全合法的

(1)《合同法》第二十三章第四百二十六条:居间人促成合同成立后,委托人应当按照约定支付报酬。

(2)国家工商局《关于禁止商业贿赂行为的暂行规定》规定,经营者销售或者购买商品,可以以明示方式给中间人佣金。

(3)国家税务总局《个人所得税代扣代缴暂行办法》(国税发〔1995〕65号)规定,企业支付给个人(非本企业雇员)的佣金,属个人的劳务报酬所得,企业是个人所得税的扣缴义务人,应办理个人所得税的代扣代缴工作。

由此,我们可以看出,获取佣金是合法的,相关法规有明确的规定。

“回扣”与“佣金”的区别

但现在问题是,许多人将“回扣”当成“佣金”,将这种受贿误认为是合法的、正当的收入,以至于在纪委、检察机关、公安机关找其时还振振有词:这是我应得的佣金!

所以,先要搞清楚:什么才是真正的佣金?其与回扣的区别在哪里?

根据《合同法》的规定,居间人取得佣金必须具备两个要件:

第一,所介绍的合同必须成立;

第二,合同的成立与居间人的介绍有因果关系。

只有两者同时具备,委托人才负有支付佣金的义务,居间人才有权取得佣金。

当然,合同未能成立,必要的居间费用可以由委托人承担,或由双方分担。但这里要记住“必要的”这个词:已经实际支出且是必需的,同时要有证据证明这些必要的支出。

一般来说,回扣与佣金有以下几方面的不同。

(1)款项支付方式不同。回扣是在账外暗中给予和收受的,支付单位一般不会在会计账册中体现,即使要体现也是套用其他名目;收受人也不会在单位财务上反映回扣。

而佣金则是完全可以明示、写进合同的,且支付单位应当也是完全可以记入单位会计账册的,也可以作为成本列支;而收受单位应当也完全可以在单位财务上进行正当反映。

(2)款项来源不同。回扣是一定比例的商品价款。换句话说,回扣是商品价款的一部分。

而佣金则指卖方或买方支付给中间商代理买卖或介绍交易的服务酬金,通常由双方签订协议规定代理佣金比率。而对外报价时,佣金率不明示在价格中,这种佣金称为“暗佣”。如果在价格条款中,明确表示佣金多少,称为“明佣”。但不管是明佣还暗佣,其是单位的款项,与商品价款无关,不是价款的一部分。

(3)款项收受对象不同。回扣是卖方退给买方单位或者个人的(一般是个人的),接收人为交易相对方中一方人员,一般为买方单位的人员。

而佣金的收受人则不是交易双方的任何一方,是交易双方以外的第三方人员。

(4)款项与商品价款的关系不同。回扣的有无与多少,与商品价款有着直接的关系,商品的价款直接由回扣的收受人决定。

而佣金的有无与多少,与商品的价款没有关系或关系不大,商品的价款不会由佣金收受人来决定。

交易相对方给你的不是佣金

经常在生活中碰到这样的情况:合同的相对方、交易的相对方,给予另一方的工作人员经济上的“好处”,但这种“好处”不符合

"佣金"的特征——收受人应当归属于交易方以外的第三方。因为你就是合同中一方,对交易价款有直接的决定权,且你本身就是应当为本桩交易付出劳动的,不存在撮合、介绍的问题。即使你认识一些高层人员,也为本桩交易提供了信息资源,但这都是你分内之事。因此,你无权再额外取得经济上的利益。如果额外取得,则属于贿赂,而非佣金。

◎投资理财类

"那是我委托他理财的收益"

资本是贪婪的。资本是需要增殖的。关于这个意思,马克思在《资本论》中有表述。现代人将手中的钱进行理财增值,是无可非议的。自己理财也可以,委托他人理财也行。严格地讲,理财也是一种投资,有可能赚也有可能亏。没有一种投资是稳赚不亏的。在现实生活中,如果党员干部自己理财赚钱,一般是没有问题的;如果有问题也可能是纪律方面的问题,不至于上升至法律层面。如果是委托他人理财,赚了钱,可能不大说得清楚。实践中有几种情况。

第一,账户独立,资金自有。党员干部虽然委托他人理财,但在证券公司、期货公司、金融机构等系单独开立账户,也就是这个账户中的资金盈亏是封闭的、独立的,与其他账户资金是无关的;那么,一般情况下即使理财赚钱了,也不存在受贿的问题。至于这个账户的名称是否为该党员干部的真实姓名,倒不是十分重要,因为这个账户的收益来源是清晰的。当然前提是开立账户的资金及以后投入该账户的资金均系该党员干部自己的。

第二,账户合用,资金混同。在这种情况下,就不一定说得清楚。因为该账户所产生的收益，分不清楚是谁的资金、谁的行为导致收益的产生，且不清楚最后的收益是如何分配的，尤其是分配到该党员干部名下的收益是依据什么分配的。如果严格按照投入资金数量、时间的比例分配利益，可能没有多大问题；如果投入的数量、时间与利益分配不成正比，可能就会有问题。

第三，账户独立，他人垫资。这种情况风险极大。作为党员干部，没有实际出资，却能依据他人提供的“本金”进行理财并产生收益，这种收益产生的基础就存在问题，在“问题本金”上产生的收益也是“问题收益”。

第四，没有账户，交付本金。只是将一笔资金委托他人理财，最后“他人”称赚钱了，将理财“收益”交付给你。这种情况的风险也极大。因为你根本不清楚你所收受的这笔“理财收益”到底是不是因你的那笔资金而产生，说不定“他人”根本就没有去理财，而只是借用理财的名头，借此机会给你行贿罢了。当然，你不知情不为罪，只怕是你故意为之，明知“他人”没有理财或即使理财也不会有如此大的收益，那么，这种“收益”被认定为受贿的可能性就很大了。

受贿数额的计算

国家工作人员利用职务上的便利为请托人谋取利益，以委托请托人投资证券、期货或者其他委托理财的名义：

(1)未实际出资而获取“收益”的，该“收益”数额即为受贿数额。

(2)虽然实际出资，但获取“收益”明显高于出资应得收益的，“收益”额与出资应得收益额的差额即为受贿数额。

与他人合办公司的问题

在我国,国家公职人员一般是不允许从事公职身份以外的商事活动的,这是党的政策与公务员法所规定的。但实践中,有部分国家公职人员私下里有与他人开办公司的情况。这种情况有可能涉嫌受贿。

第一,国家公职人员真金白银出资,与他人一起开办与自己职务没有关系的公司。这种情况,不存在受贿。因为该公司所经营的业务,与其所任职的工作职务没有关系,也就不存在"利用职务上的便利"一说。

第二,国家公职人员真金白银出资,与他人一起开办与自己职务相关联的公司。这种情况就比较危险,可能涉嫌受贿。因为该公司所经营的业务,可能会依赖于该国家公职人员的职权;"他人"之所以要与该国家公职人员一起开办公司,看中的可能就是该国家公职人员手中的职权。如此,该公司经营所得的利润,到底是正当经营所得还是该国家公职人员利用职权所得,很难区分;同时,该国家公职人员所分得的"红利",到底是因其实际出资所得还是"他人"向该国家公职人员输送不法利益,难以区分。

第三,国家公职人员没有实际出资,与他人一起开办公司。这种情况,危险系数极大。因为该国家公职人员没有实际出资却能获取物质——分得"红利",天底下没有如此好事。"他人"或依赖于国家公职人员的职权为该公司谋取经济利益,或依赖于国家公职人员的职权谋取该公司以外的其他经济利益。在这种情况下,不论是为该公司谋取经济利益还是为其他公司谋取经济利益,该国家公职人员自己所获取的"红利"均具有非法性,受贿的可能性极大。

第四,国家公职人员如果利用职务上的便利为请托人谋取利益,以合作开办公司或者其他合作投资的名义获取"利润",没有实际出资和参与管理、经营的,以受贿论处。

什么是"实际出资"?

现在开办公司有两种注册情况。

一是不需要注册资金,那就不存在出资的问题(公司经营的"出资"实际上系公司向股东或他人的融资借款)。

二是需要注册资金,那就要经会计师事务所验资。但《验资报告》肯定会反映:各股东均自己实际出资,也即各股东所出资金均来自各股东。这是一般规律,否则,如果股东所出的资金不是来自各股东,那么《验资报告》是无法出具的。这从形式上看,没有任何法律问题。问题是:有的国家公职人员股东的出资,可能并非真正来自股东自己,而是其他股东替该国家公职人员股东"垫资",或"借"给该国家公职人员股东的。这种"借""垫"是否为真实的法律意义上的借款,要看实质内容了。是否真实借款,参见前文。

现在《公司法》进行了修改:对于公司的注资,可以"认缴"(当然国家规定必须实缴的除外)。在这里,需要提请注意的是:认缴不是"只认不缴",每一个认缴的出资人都应该在承诺认缴的期限之内缴纳资金完毕,而且还应该以认缴的出资额来承担相应责任。

受贿数额的认定

国家公职人员利用职务上的便利为请托人谋取利益,由请托人出资,"合作"开办公司或者进行其他"合作"投资的,以受贿论处。受贿数额为请托人给国家工作人员的出资额。

此后分得的"红利",作为利息处理,不作为受贿数额,但要依法追缴。

"人家送我点'干股'行不行?"

干股是指未出资而获得的股份。

如果没有出资而接受他人赠予的股份,肯定是不合适的;他人赠送股份,这实际上就是经济利益。这种经济利益表现或为年终取得分红,或为股份转让时获取转让款。这种"分红""转让款"就是财物,与赠予财物没有本质上的区别。

因此,司法解释规定:国家工作人员利用职务上的便利为请托人谋取利益,收受请托人提供的干股的,以受贿论处。

"我虽未实际出资,但我出了技术"

尽管司法解释如此规定,但实际中有人可能不服:我资金是没有投入,但我投入了技术,我是技术出资。

如果真是技术出资,法律也是允许的。但要真的有技术投资,要进行评估,要进行技术权利的转让登记。一般是指知识产权,如商标权、专利权、著作权等。

至于管理技术,目前我国法律还不允许将其作为出资的对象。至少《公司法》层面是不允许的。

至于《刑法》层面,一要看是否真的出了技术;二要看这种技术与你的职务便利是什么关系。如果真的出了技术,获得一些报酬也无可厚非;但如果是以技术之名行收受财物之实,则是典型的受贿,无非形式非常规而已。同时,如果所谓"技术",实际上是职务上的便利,是本职工作,是应当履行的义务,则将不被允许。举个简单的例子:某派出所民警,以"保护"某企业为名,要求企业给予干股,或企业为感谢该民警的"保护"赠予其干股,这种情形,都不会被认为是该民警出了"技术",因为这本身就是民警的职责所在。

当然,如果你提供的技术与你的职责无关,是你工作之外对企业新产品的研发、改进，这虽然不是《公司法》意义上的出资，但从《刑法》意义上不是受贿，因其虽然获得了经济利益，但其没有利用职务之便，故不是受贿，但也不完全“正当”。

“我虽未出资，但我出了人脉”

所谓人脉，就是关系；所谓关系，大多就是职务上的便利。试想，如果没有你的职务存在，你的这些所谓“关系”可能就不会给你提供他人得不到的“方便”。而这“方便”实质上就源于你的职务、职位，期望着日后能够“互通有无、互相帮助”。因此，以人脉出资，实质上就是利用职务之便。

当然，有些人脉可能和职务没有多大关系，但这毕竟是少数。

因此，以人脉出资，以有事情帮助找关系疏通等出资，从而收受干股的，应当是受贿。

收受干股，如何计算受贿数额？

这里分两种情况：

第一，“干股”未转让。股份一直在收受者名下，股份未实际转让，以股份分红名义获取利益的，实际获利数额应当认定为受贿数额，也就是“分红”所得即为受贿数额。

第二，“干股”已经转让。股份先前在收受者名下，日后进行了转让，或办理了工商管理部门的股权转让登记，或者相关证据证明股份发生了实际转让的，受贿数额按转让行为时股份价值计算，也就是股权转让款即为受贿数额。

在这种情况下，此前所分得红利不计入受贿数额，不作定罪量刑的依据，但应按受贿利息处理，即作为非法所得，予以追缴。

刘铁男受贿案

《刑事判决书》(摘要):

河北省廊坊市中级人民法院

(2014)廊刑初字第50号

……

2003年至2012年,被告人刘铁男利用担任国家发改委工业司司长、副主任的职务便利,为广汽集团申报的广州丰田汽车有限公司项目、广汽菲亚特乘用车项目等通过国家发改委核准提供了帮助。2005年间,广汽集团总经理陆某峰向刘铁男提议,由刘铁男向广汽集团董事长张某有要一个在北京地区经营广汽丰田销售店(以下通称4S店)的指标,由陆某峰介绍的华通伟业公司实际控制人张某彬出资成立4S店并负责经营,刘某成可不出资而占有一定比例的股份,刘铁男同意并向张某有索得了指标。后张某彬与刘某成口头约定,张某彬给予刘某成4S店30%的股份。不久,张某彬出资1200万元注册成立了金时伟业公司,工商登记材料中未显示刘某成在该公司持有股份。在张某有的安排下,金时伟业公司顺利取得了4S店经营资格,通过验收并开业。此后,刘某成未参与该店的管理、经营,亦未获得分红。2007年6月,刘某成向张某彬提出“退股”,经协商,张某彬先后支付给刘某成1000万元。刘某成将其未出资而持有股份,后以“退股”名义得款的情况均告知了刘铁男。

◉时间拖延类

收受了想上交，动作要快！

可供“上交”的范围

这里的“上交”可以是：

(1)向有关的纪委及其“581”廉政账户；

(2)向本人所在的单位及上级单位；

(3)向有关的司法机关；等等。

可选择“上交”的范围是比较广泛的。因其主要是反映收受人主观上不想占有的意思，故只要能够证明“不想要”的行为均可，当然，这些行为要能够得到证明，且证明力要相对较强。比如：你在家里收受后将款项放在了自己的办公室——虽然“家”的私密性更强，但你的“办公室”并不能说明就是“公家”，故此行为的证明力不强。又比如，有人将多年来所有收受的钱物都集中放在自己控制但他人并不晓的某个地方——这虽然能够证明你“未曾使用”这些款项，但并不能证明你“不想要”这些款项，故证明力也不强。

“上交”应当注意的问题

收受以后，及时上交了，一般不作为受贿犯罪处理。

但这里要特别注意以下几点。

(1)上交要及时

虽然法律没有明确规定多长时间内上交可以不算犯罪，但一定不能是在收受很长时间以后再上交。如果长时间以后再上交，很可能会被认定为犯罪。这个时间越短越好，最好不要超过1个月(此“1个月”的期限，散见于一些纪委规定：中纪委规定1个月、浙江省纪委581账户规定1个月、宁波市纪委581账户规定1个月、广东省纪委规定1个月）。

如果过了一年半载，甚至三年五年以后再“上交”，那可能就要另当别论了；如果听到“风声”再“上交”，那可能意义不大了；如果已经涉案了再“上交”，那就不是“上交”的问题，而是“退赃”的问题了……

（2）上交要有证据

上交给纪委、581账户、司法机关等一般都有凭证，问题不大；关键是上交给本单位、本单位的领导，尤其是自己部门所设的“小金库”等，一定要注意获取证据，以表明已经上交，且是及时上交的。

A. 收款收条。将贿赂款项及时上交领导以后，领导一般会出具收款收据。这种收款收据就是你及时上交的凭证。当然，这种收据应当写明上交的时间、款项数额、上交人及接收人。最好还能写明系何人何单位所送款项。

B. 走账记录。有时候碍于脸面，或不敢直接上交给单位领导，也可以选择打入581账户；581账户比较规范，你会获取相关凭证。但如果你直接打入单位账户，尤其是单位的小金库，也要获取并保存相关凭证；没有书面凭证的，也要保存走账记录。

C. 谈话笔录。“上交”单位或纪委时，一般单位领导或纪委会给你做个“谈话记录”，以反映这些“上交”行为的来龙去脉，但这种“谈话记录”一般都保存在单位，不便给你个人。你如果能够获取该“谈话记录”的复制件当然更好，加以保存。

D. 证人证言。考虑有些单位及某些领导法律证据意识不强，不懂接收退贿应当履行的程序，有可能你在直接将款项上交时获取不了相关“证据”。故你在上交款项时要加强“自我保护”：你可以选择一至二位同事与你一起去领导处上交款项，以此加强“人证”。

易光明受贿案

《刑事判决书》(摘要)

河南省衡阳市中级人民法院

(2010)衡中法刑二初字第06号

……

对于辩护人关于收受蒋某某20万元自开始就没打算要，之后确已退还，不宜认定为受贿的辩护意见，经查，易光明分3次收受蒋某某现金20万元，时间跨度从2007年4月到2009年3月，直至2009年10月易某某被省纪委调查后才匆忙退还，其收受他人财物的主观故意十分明显，辩护人辩称自开始就没打算要的辩护意见于情不符，于理不通，不予采信。

唐建斌受贿案

《刑事判决书》(摘要)

湖南省临武县人民法院

(2011)临刑初字第30号

本院认为，被告人唐建斌身为国家工作人员，利用其担任临武县民政局党组成员(副局长)、临武县四家办公楼搬迁领导小组工程部部长、临武县房产局局长的职务之便，在管理工程项目、房产办证过程中，非法收受他人财物共计627100元，为他人谋取利益，其行为已触犯刑律，构成受贿罪。公诉机关指控被告人唐建斌所犯罪名成立。被告人唐建斌的辩护人提出的“收受何某、陈某各20000元不能认定为受贿数额”的辩护意见，经查，被告人唐建斌收受上述二人的受贿款项后，虽已退还，但退款时间与受贿时间分别相隔九个月和一年，其受贿犯罪已经完成，辩护人的上述意见不能成立，本院不予采纳。

事后接受“感谢”，也是受贿

受贿罪的前提是，收受他人财物，这是第一要件。如果没有收受他人财物，受贿罪就无从谈起。从“贿”字我们可以看出：有“宝贝”才是贿，也就是有钱才可以成贿。当然，这里讲的“钱”并非仅指“钞票”，也可以是实物，也可以是一切能用金钱来衡量、计算的东西。这一点在本书相关章节已经讲述，本节不再复述。

但有一点必须特别指出：“没有收钱”与“当时没有收钱”是两个不同概念。

有人在为请托人办事时，在办事当时没有收受财物；但在事后，或者在事后较长时间，才收受财物，这也是受贿。这只能说是“当时没有收钱”，不能说是“没有收钱”。

因为，收受贿赂在法律上可以分为事前收受、事中收受、事后收受。实践中最多的是事前收受和事中收受。因为现代人比较现实，开“空头支票”的人不大“受欢迎”，有可能出现事情办成了，以前开的“支票”却不能“兑现”，或将事前的承诺“忘记”，导致该领导干部“上当受骗”。而且这种上当受骗，无处可以诉说，没人可以为其“主持正义”，只能是哑巴吃黄连。为此，行贿、受贿行为，一般发生在事前、事中，当然也有发生在事后的。有人戏称：这种“事成之后”仍然不忘当时“承诺”、执意要作“感谢”的行贿人，可以将其列入“讲诚信”之列。

有一个问题：隔多长时间再收钱才不会有事呢？难道隔了10

年、20年之后收受财物还会有事？

法律虽然没有明确在多长时间内收会有事，但也没有明确隔多长时间收受就没事。笔者以为，时间多长都不是问题，问题是看收受的钱财与曾经办过的“好事”之间有否关系。

“这钱是我退休后他送的，与职务无关”

我们讲行贿受贿，一般发生在行贿人有请托事项的当时。没有请托事项，也不会有人故意送钱给领导干部。但有的行贿人有“长远”的眼光，有可能在发生请托之前行贿；也有可能相约一定时间之后行贿。这两种情况，由于行贿受贿均发生在请托事项之前、之后，在认定行贿受贿时，从形式上看与“职务”似乎没有多大关系，故在司法实践中会产生不同的认识。

关于国家工作人员在职时为他人谋利，离退休后收受财物是否构成受贿犯罪问题，有两种意见。

一种意见认为离退休后的行为是在职行为的延续，被告人的行为构成受贿罪。

另一种观点认为被告人已离退休，不属于《刑法》第九十三条规定的国家工作人员，被告人不具备受贿罪的主体身份；且受贿罪是职务犯罪，被告人收受他人财物不存在利用职务便利，被告人的行为不构成受贿犯罪。

为此，在2000年时，江苏省高级人民法院曾就这方面的情况向最高法院进行过专门请示，最高法院明确批复：国家工作人员利用职务上的便利为请托人谋取利益，并与请托人事先约定，在其离退休后收受请托人财物，构成犯罪的，以受贿罪定罪处罚。(《最高人民法院关于国家工作人员利用职务上的便利为他人谋取利益离退休后收受财物行为如何处理问题的批复》)

2007年，最高法院、最高检察院联合出台司法解释，再次明确和重申上述观点。但是，为了防止打击扩大化，设置了前提条件，即国家工作人员利用职务上的便利为请托人谋取利益，在其离退休后收受请托人财物的，须以在职时有事先约定为定罪条件。如果没有“事先约定”的限制要件，很有可能造成客观归罪，将离职后不再具有国家工作人员身份的人收受他人财物的行为一概作为受贿罪追究，与受贿罪的构成要件不符。同时，有必要对该《批复》精神进一步具体化，以满足办案实践的需要。出于这一考虑，《关于办理受贿刑事案件适用法律若干问题的意见》规定了国家工作人员利用职务上的便利为请托人谋取利益，离职前后连续收受请托人财物的，离职前后收受部分均应计入受贿数额。离职前后连续收受财物，在客观上足以表明国家工作人员在离职前与请托人有约定，与《批复》规定的原则是一致的。

万曾炜受贿案

《刑事判决书》(摘要)

上海市第二中级人民法院

(2013)沪二中刑初字第102号

……

第二，被告人万曾炜与他人事先没有约定具体回报，离职后获取涉案相关人员给予的财物能否认定为受贿。

经查，万曾炜收受顾某某等涉案人员给予的共计价值595万余元财物中，20万元系万曾炜在浦东规土局任职期间收受，其余财物均系万曾炜离开浦东规土局后收受。而万曾炜在离开浦东规土局后收受的财物中，有价值计309万余元的财物系退休前收受，有价值计98万余元的财物系退休前后连续收受，有价值计167万余元的财物系退休后收受。

本院认为，根据《最高人民法院、最高人民检察院关于办理受贿刑事案件适用法律若干问题的意见》(以下简称《受贿案件适用法律意见》)中关于在职时为请托人谋利，离职后收受财物问题的规定："国家工作人员利用职务上的便利为请托人谋取利益之前或者之后，约定在其离职后收受请托人财物，并在离职后收受的，以受贿论处。国家工作人员利用职务上的便利为请托人谋取利益，离职前后连续收受请托人财物的，离职前后收受部分均应计入受贿数额。"本案中，被告人万曾炜在浦东规土局任职期间，审批同意了金大元集团等涉案单位开发的相关房产项目，为涉案单位和相关涉案人员谋取了利益。在涉案单位相关房产项目开发中或完成后，上述单位负责人顾某某等人多次表示要感谢万曾炜，万曾炜均没有拒绝，并以默认的方式接受相关人员择机给予回报。因此，万曾炜的行为符合《受贿案件适用法律意见》的规定，应以受贿论处。至于万曾炜收受他人财物与其利用职务便利为他人谋取利益之间相隔多少时间，不影响两者之间存在因果关系的认定。此外，万曾炜在离开浦东规土局后又先后担任浦东发展局党组书记和市公积金中心党委书记、副主任、主任，其在浦东规土局任职期间利用职务便利为他人谋取利益，离职后仍具有国家工作人员的身份，在此期间包括退休后收受他人财物，均属受贿犯罪的延续过程，应以受贿论处。

听到“风声”再退钱，晚了！

有很多人认为，行贿受贿之事发生在小范围之内，或甚至二人之间，不可能被外人知道，故抱有侥幸心理，总以为不会东窗事发。但世界是普遍联系的，很多案件的发生并不以当事人的意志为转移，多半是顺藤摸瓜，拔出萝卜带出泥。行贿人既然能够送你钱，也有可能送他人钱；你能保证自己的风险，但不能保证他人的风险。

受贿案发的人，大部分都后悔：自己又不缺钱，干吗当初贪小?！但在受贿之时，都不是这么想的，以为只有你知我知，连天地也不一定知，因此拿了。但天算不如人算，有许多受贿案件是被“牵连”出来的，是其他案件“带”出来的。听到其他案件被查或听到行贿人被查，便风声鹤唳。于是作出决定：或上交，或退还行贿人（有的甚至还加上利息退还行贿人）。以为退还了，就没事了——晚了！因为受贿的行为已经完成。当然，退还是好的，退总比不退好，至少在量刑时可以从轻处罚。

骆国清受贿案

《刑事判决书》（摘要）

福建省龙岩市中级人民法院

（2014）岩刑初字第23号

……

一、关于被告人骆国清及其辩护人提出骆国清在案发前已经退还行贿人黄某丙的6万美元、蔡某某的30万港元、苏某甲的2万美元，不应认定为受贿数额的辩解和辩护意见。经查：

（1）2007年9月，黄某丙为感谢骆国清对其公司在总部楼用地审批、企业经营发展等事项上给予了帮助，并希望继续得到骆国清的关照，趁与骆国清一起去公务考察之际，贿送给骆国清6万美元。时至2012年，在纪检机关查办南安市腐败案件期间，被告人骆国清因担心受贿事实败露，才将收受黄某丙的6万美元予以退还。该事实有相关书证，证人黄某丙、林某某、林某丁的证言及被告人骆国清的供述与辩解等证据证实。

(2)2008年和2009年的春节前，蔡某某为感谢骆国清对其在开发房地产项目过程中涉及征地拆迁、用地审批，在石材厂扩建征地等事项上给予了帮助，并能继续得到骆国清日后的关照，分别贿送骆国清港币30万元和港币20万元。时至2011年6月，在纪检机关查办南安市委原副书记陈某甲腐败案件后，被告人骆国清因担心受贿事实败露，且听闻自己被举报，才将2008年春节前收受蔡某某的30万港元予以退还。该事实有相关书证，证人蔡某某、苏某某、傅某甲、林某丁的证言及被告人骆国清的供述与辩解等证据证实。

(3)2010年上半年，苏某甲为与骆国清搞好关系，希望日后在其请托的事项上包括提拔王某甲一事，能继续得到骆国清的关照贿送给骆国清2万美元。时至2011年8月，在纪检机关查办王某甲涉嫌违法违纪问题后，被告人骆国清因担心受贿事实败露，才委托妻子马某某到北京将苏某甲贿送的2万美元予以退还。该事实有相关书证，证人苏某甲、马某某、王某甲、刘某乙的证言及被告人骆国清的供述与辩解等证据证实。

被告人骆国清利用担任中共泉州市委常委兼中共南

安市委书记的职务之便,非法收受请托人黄某丙、蔡某某、苏某甲上述钱款的事实清楚,证据确实充分,其行为已构成受贿罪。

骆国清收受上述贿赂后,因南安市多名干部被查处,为避免受贿事实暴露,才陆续退还,其中:退还黄某丙的贿赂款,时隔受贿时间四年多;退还蔡某某的贿赂款,时隔受贿时间二年多;退还苏某甲的贿赂款,时隔受贿时间一年多。被告人骆国清收受上述贿赂后并无及时退还的意愿,主观上具有明显的受贿故意,客观上实施了收受相关请托人贿赂款的行为,根据最高人民法院、最高人民检察院《关于办理受贿刑事案件适用法律若干问题的意见》第九条"国家工作人员收受请托人财物后及时退还或者上交的,不是受贿。国家工作人员受贿后,因自身或者与其受贿有关联的人、事被查处,为掩饰犯罪而退还或者上交的,不影响认定受贿罪"的规定,被告人骆国清的退还行为不影响其受贿犯罪构成及犯罪形态的认定。故被告人骆国清及其辩护人提出骆国清收受上述三笔款项均未为行贿人谋取任何非法利益,系骆国清在案发前主动退还,不应认定为受贿数额的辩解和辩护意见,理由不能成立,不予采纳。

没有收到钱也可能是受贿

有一种犯罪状态叫"未遂"

这就奇了怪了。没有收到钱怎么可能是受贿呢?上文不是已经讲了,没有收钱也就没有受贿之说吗?

其实,没有收到钱,有两层意思。

第一，没有行贿受贿事实的发生，或行贿人想要行贿，被“受贿方”拒绝了。这当然不可能发生“收到钱”的结果，这是自然没有任何法律问题的。

第二，如果本来行贿方与受贿方已经讲好，“事成”之后一定“重谢”。但某种情况的出现，致使行贿受贿的结果没有发生。这在法律上是要被认定为“存在问题”的。

笔者在这里要讲的是一个“未遂”问题。

刑法上对一个犯罪行为，一般可以分为“既遂”与“未遂”两种。既遂，表示犯罪行为已经完成，达到犯罪预期的目的；未遂，表示犯罪行为开始实施，但出于犯罪分子意志以外的原因，没有得逞，没有达到犯罪预期的目的。

客观不能的未遂。如行贿人突然死亡或者破产，导致行贿人拿不出事前已经讲好的钱。这样对受贿人来说就有可能是：替行贿人将事办好了，但钱收不到。这里钱收不到，不是受贿人的原因，而是行贿人的原因。对受贿人而言，是受贿人意志以外的原因。在这样的情况下，就是一种受贿犯罪未遂的问题。

主观反悔的未遂。受贿的未遂，也可能表现在行贿人“反悔”，说话不算话。在社会实践中，行贿人送钱很多是出于无奈，或出于形势所迫，并非出自行贿人的真心。因此，当其目的达到后，就有可能不会兑现当初的“诺言”，这种情况也是比较常见的。这个时候，虽然受贿人最终并没有拿到钱，但这并不影响对受贿罪的认定。

不论是客观不能的未遂，还主观反悔的未遂，都是犯罪，只不过是犯罪的未遂状态，与结果拿到钱的既遂犯罪相比，这种未遂的受贿犯罪的处罚相对会轻些。

但司法实践中，往往以实际拿到钱的受贿犯罪为多，对未遂受贿处罚得较少。但处罚得较少并不等于不是犯罪。如果要对未遂状态的受贿进行处罚,也是完全可行的。故,从风险防范的角度进行考量,受贿者从一开始就明确拒绝行贿是最为有利的。

金益满受贿案

《刑事判决书》(摘要)

福建省南平市中级人民法院

(2016)闽07刑初18号

……

本院认为,被告人金益满身为国家工作人员,利用职务上的便利,为他人谋取利益,非法收受他人财物,数额特别巨大,其行为已构成受贿罪。公诉机关指控被告人金益满犯受贿罪的事实清楚,证据确实、充分,罪名成立。被告人金益满归案后,能如实供述自己的罪行,主动交代办案机关尚未掌握的大部分受贿罪行,具有坦白情节,受贿数额中273万元为未遂,退出部分赃款,当庭认罪悔罪,并检举他人犯罪,经查证属实,有一般立功表现,依法对其予以从轻处罚。

◎贿款他用类

收钱后用于公益,还是受贿吗?

这个问题争议比较大,实践中认识也不尽一致,甚至法院的判决也不一样。

我们讲受贿的本质特征是:收受他人财物,并为他人谋取利益。

回过头来,我们分析一下收受后再捐赠这个行为的本质。

否定说认为:这种情况与受贿有本质的区别。因为受贿的最终归属是将他人的财物归入自己所有,是一种占有财物的行为。为他人谋取利益只是手段,获取财物才是目的。我们法律设立这个罪名的目的,也在于维护公职人员的廉洁性。因此,持此观点者认为,收受后又将款项捐出,其没有“廉洁性”特征,故不构成受贿罪。

肯定说认为:这种情况符合受贿罪特征。尽管收受后再捐出,但毕竟其是先收受,再捐出。收受在前,捐出在后。收受与捐赠是两个独立的行为。一旦收受即构成刑法意义上的“既遂”,至于收受后再捐赠,是行为人对受贿款项的一种处理方式,而这种处理方式不影响受贿罪的定性。实践中,对于受贿款项,有的存入银行,有的购买理财产品,有的进行赌博,有的赠予情人,有的进行消费,等等,不一而足,但这些行为均不影响罪名的定性。

有人可能要说:将受贿款用于公家开支、公益捐赠等非个人消费,是否应当有别于一般的消费?要回答这个问题,我们先来看看三个案例。

案例一　湖南新田教育局原局长文建茂受贿案
(法院未将捐赠款作为受贿认定)

2005年,湖南省新田县检察机关指控:县教育局原局长文建茂任职期间非法收受贿赂款109300元,其中34000元用于捐赠或公务开支,实得贿赂款75300元。

新田县法院一审认为:被告人文建茂擅自用自己私人掌握的钱财用于扶贫帮困、社会赞助等行为,没有经过组织程序,属个人行为,且被告人的受贿行为已实施完毕,其赃款去向并不影响受贿罪的构成,故这些款额不能抵扣其受贿数额,但可作为量刑情节予以考虑。

2005年8月17日,新田县人民法院对此案作出了一审判决:被告人文建茂犯受贿罪,判处有期徒刑5年,并处没收财产人民币60000元。

文建茂不服,向永州市中级人民法院提起上诉。

永州市中院二审认为:上诉人文建茂已构成受贿罪。但原公诉机关指控文建茂的109300元受贿款(二审认定78400元)中有34000元用于公务、捐赠和上交局财会室,且确有证据证明,可从其受贿金额中予以扣除不以受贿论处。因此文建茂实得贿赂款44400元。

二审法院在认定文建茂的捐赠款可以抵扣受贿款、收受相关单位礼金属于人情往来的情况下,判决上诉人文建茂犯受贿罪,判处有期徒刑3年,缓刑4年。

案例二　湖南临湘原副市长余斌受贿案
(法院将捐赠款作为受贿认定)

2004年,湖南省岳阳市君山区人民检察院指控:余斌在任临湘市教育局长、临湘市副市长期间受贿共计人民币22.5万元。

法庭上,余斌承认自己收受了他人财物,且数额较大;但有15.47万元已被用于扶贫帮困、社会赞助和公务活动,认为应当不作受贿数额认定。为此,余斌向法庭出示了11份票据和数十份证言,以证明自己的观点及财物去向。

法院认为:"被告人提出的所收钱财中用于公务活动部分可不作受贿数额认定的辩护意见,因被告人余斌收受贿赂的行为已实施完毕,其赃款的去向不影响受贿罪的构成,但可作为本案酌定量刑情节予以考虑。"

法院认定,检察机关所指控的这22.5万元中,有9.5万元属于受贿,另10万元虽属朋友馈赠,但应认定为违法所得,其他款项的指控因证据不足不予采纳。

君山区人民法院作出一审判决:被告人余斌犯受贿罪,判处有期徒刑3年、缓刑5年,并处没收财产6万元。依法对余斌受贿所得9.5万元及10万元违法所得予以追缴,上缴国库。

一审判决后,余斌不服,向岳阳市中级人民法院提起上诉。

君山区检察院也不服,向岳阳市中级人民法院提起抗诉。

2005年7月,岳阳市中级人民法院作出终审裁定:"驳回抗诉、上诉,维持原判。"

案例三　广东汕头市委原书记黄志光受贿案
(广州中院未将捐赠款作为受贿认定,但广东高院将捐赠款作为受贿认定)

2013年12月,广州市中级人民法院对深圳市政协原副主席、汕头市委原书记黄志光,因受贿一案作出一审判决:判处有期徒刑14年。

一审判决后,广州市检察院不服,向广东省高级人民法院提起抗诉。理由是:黄志光有一笔100万的款项未被法院认定为受贿款。

争议的焦点是:黄志光任汕头市委书记期间,深圳商人李亚鹤曾有意投资汕头东部经济带填海项目。2008年,李亚鹤先托黄志光的儿子黄某伟将一箱藏有百万元巨款的"土特产"带回家,后又与黄某伟一同前往广东海丰县某寺庙,这100万元以黄某伟的名义捐给了该寺庙。

广州市中院认定:这100万元不属于受贿款,主要理由是李亚鹤给黄志光100万元,是为了捐资建佛,黄志光本人没有非法占有该笔款项的主观故意,且捐出后寺庙未返还任何款项,黄志光并未获得法律意义上的利益,故对此项指控不予支持。

广州市检察院认为:黄志光同意李亚鹤为其出资捐赠时,已经具备受贿的故意,而黄某伟将这100万元带回家,使之处于黄志光控制之下,受贿客观行为已完成。另一方面,黄志光通过捐赠获得的既是功德、也是名利,黄志光和黄某伟也获得了利益和好处。

2014年11月,广东高院作出终审判决:认为黄志光收受的以其子名义捐给寺庙的100万元属于受贿,一审法院没有认定黄志光收受李亚鹤的贿赂款100万元,导致量刑不当,应予纠正。

笔者观点

(1)此案具有标杆意义。不论从时间上,还是法院的层级上,根据"新法优于旧法""高层级优于低层级"原则,广东高院的判决将是现阶段处理此类案件的一个参照标准。尽管我国不是判例法的国家,广东高院的判例对其他省(区、市)没有指导意义,但毕竟是近时期的判决,是高级法院的判决,也是前沿地区广东高院的判决,其对于其他省(区、市)的"参照""指导"意义是潜移默化、客观存在的。

(2)此案的基本观点:收受后的捐赠不影响受贿罪的定性,但在量刑时可酌情从轻。存在款项收受且有一定时间的占有、控制,则受贿的行为已经完成。至于最终的去向,只是对受贿款项的处理。当然,对于将受贿款项用于捐赠等公益活动,其用途毕竟有别于一般的自我挥霍消费,故在量刑时可以甚至应当酌情从轻。

(3)应当区别几种特殊情形:

A. 及时匿名公益捐赠。由于系匿名捐赠,不存在沽名钓誉等获取名利的情形;由于系公益活动,系政策法律道德所倡导鼓励的,对社会具有激励作用,具有正能量;当然,也要具有及时性、主动性、无因性,如此,类似交纳于"581账户"。故此种情形是否可以网开一面？

B. 公益捐赠是否可以按照《合同法》的表述？是否可以将“公益捐赠”定义为“具有救灾、扶贫等社会公益、道德义务性质”？因为捐赠可能有多种形式，尤其是“点对点”的形式、民间的非主流形式，这种捐赠与捐赠给希望工程、红十字会等还是有一定区别的。

收了钱替他人办正当的事，算不算？

要区别“正当利益”与“不正当利益”

法律对行贿与受贿的要求是不一样的，尤其体现在“谋取利益”这方面。

如果要认定是行贿罪，要求的是行贿人为了谋取“不正当利益”而送钱；

如果要认定是受贿罪，要求的是受贿人为了谋取“利益”而收钱。

“行贿罪”与“受贿罪”的不同之处

请注意，上述两句话，其含义是完全不同的。

对于行贿罪来说，如果行贿人为了谋取正当利益而送钱，则不构成行贿罪。比如请求按期付款、及时发货等正当利益，现实生活当中经常有这样的情况：为了能够让合同相对方（一般是强势方）不拖欠货款、加工款，而给予合同对方的负责人“好处”，这种情况，就不构成刑法意义上的行贿罪。只有为了谋取“不正当利益”时，才能构成“行贿罪”，比如：行贿人为了不进行招投标而获取工程，行贿人为了不进行考试而获取工作，行贿人为了不走正常程序而获得提拔，等等。

但是，反过来则不是这样的。受贿人收了钱并不一定要为行贿人谋取“不正当利益”，只要受贿人收了钱为行贿人谋取“利益”

即可，而对这种“利益”是不分“正当利益”与“不正当利益”的。比如：受贿人收了钱私自将工程发包给了行贿人，则当然算受贿犯罪（为行贿人谋取了“不正当利益”）；同时，如果受贿人收了钱之后指示财务部门要及时将工程款支付给承包人，也是受贿犯罪（尽管此时“指示财务部门及时付款”是正当合法行为，对行贿方来说也是“正当利益”）。

“利用影响力受贿罪”的不同之处

但是，有的事情也有例外。比如，利用影响力受贿罪，其与一般的受贿罪毕竟有些许区别。故要认定“利用影响力受贿罪”，要求受贿人为请托人谋取“不正当利益”才构罪；如果谋取的是“正当利益”，则不构罪。

光收钱不办事，行不行？

有聪明的人似乎从法律的规定中悟出“玄机”：受贿罪的构成要件，除了收受他人财物外，还要为他人谋取利益。也就是说，拿人家钱财替人家办事。但是，如果我只拿人家的钱，不替人家办事呢？这算不算受贿呢？这犯不犯法？

从法律风险防范角度讲，这不犯法，这不构成受贿犯罪，因为其缺乏“为他人谋取利益”这一必需的要件。

有人说：那好，我以后就这么干，光收钱不办事。

但这样做“不道德”，很多人做不到。拿了人家钱，不给人家办事，于心不忍。因此，既然拿了人家的钱，就应当替人家办事，笔者将这类情形称为“有良心的受贿”。实践中确有部分人，只拿钱不办事，笔者将之称为“缺德的受贿”。

天上不会掉馅饼，只会掉陷阱。俗话说：吃人家的嘴软，拿人家的手短。

一旦拿了人家的钱,等于就是上了贼船:人家不会白白送钱,而是有目的的,有所图的,是要以小的代价获取更大利益的;而且,这些送的人一般都是不好相与的。

同时,法律上对“为他人谋取利益”的认定,是比较宽松的。

“为他人谋取利益”是一种行为。最为常见的可能表现为为他人寻找人脉、疏通关系,给下属下达执行的指令,甚至直接将工程建筑项目、人事提拔等给予对方。但是,在现实生活中,受贿者“为他人谋取利益”的表现可能不会如此明显,有时受贿者也可能为了应付一下行贿的人,作出一些敷衍的动作、说了些敷衍的话,就足以上升至法律上的“为他人谋取利益”。

法律上的这种认定门槛很低,有时低得让人有口难辩:只要给相关部门打个电话,就算;让秘书或下属去打听一下,也算。

也许有人会说:我只是叫秘书了解一下情况,以便可以应付行贿人;我又没有提出具体的、有利于行贿人的意见。但这对于法律上的认定就已经足够了。尽管只是想了解一下情况,真的只是“询问”而并无“关照”“帮忙”之意,但从另一个角度去思考:接到秘书的电话的人是否就这么简单地想呢?或许就以为这是“关照”的意思呢!结果还真的“帮上忙了”。这个时候,恐怕有一百张嘴也说不清楚了。

何况,法律上并无要求“帮上忙”,法律上只是要求“帮过忙”即可;甚至法律上将“答应帮忙”就认为是开始“帮忙”了。

还有一个“索赔”问题。如果系受贿人主动向行贿人索取财物,则法律不要求“为他人谋取利益”。因为你是“主动索取”,相对于“被动收受”社会危害性更大。因此,如果系“索贿”,则无论是否为他人“帮忙”,均可构成犯罪。

第二节　商业贿赂的重点区域

◎学校

对于学校，则要具体情况具体分析。因为根据行为人身份的不同、职位的不同、办理事务的不同等，会产生不同的法律后果。

1. 具有管理权或采购权，同时具有“国家工作人员”身份的人

学校及其他教育机构中的国家工作人员，在教材、教具、校服或者其他物品的采购等活动中，利用职务上的便利，索取销售方财物，或者非法收受销售方财物，为销售方谋取利益，构成犯罪的，依照《刑法》第三百八十五条的规定，以受贿罪定罪处罚。

这里主要针对的是“国家工作人员”，也就是受国家委派、代表国家管理学校事务的人。一般可以这样分析认为，如果系教委系统直接任命的，那就属于“国家工作人员”。如果系学校任命的，那要看情况：如果该学校是纯国有性质，则就有可能属于“国家工作人员”；如果该学校是混合所有制性质的，则就不属于“国家工作人员”。

2. 具有管理权或采购权，但不具有“国家工作人员”身份的人

学校及其他教育机构中的非国家工作人员，在教材、教具、校服或者其他物品的采购等活动中，利用职务上的便利，索取销售方财物，或者非法收受销售方财物，为销售方谋取利益，构成犯罪的，依照《刑法》第一百六十三条的规定，以非国家工作人员受贿罪定罪处罚。

这里主要规定的是“非国家工作人员”的事。从身份的角度去分析,如果本身是非国家工作人员,但在上述与教学有关的商务活动中,代表学校却收受相对方财物,是受贿行为;但由于系非国家工作人员,故定为“非国家工作人员受贿罪”。

3. 普通教师

学校及其他教育机构中的教师,利用教学活动的职务便利,以各种名义非法收受教材、教具、校服或者其他物品销售方财物,为销售方谋取利益,数额较大的,依照《刑法》第一百六十三条的规定,以非国家工作人员受贿罪定罪处罚。

虽然教师在学校里没有“领导”职位,也不是“中层”干部,只是普通的“老师”,但如果代表学校在上述商务活动中收受相对方财物,也是受贿,也可定为“非国家工作人员受贿罪”。

4. 在其他活动中收受财物

《刑法修正案(六)》规定的是在特殊的、与教学有关的“商务活动”中收受财物可以定罪的情况。那么,在“非商务活动”中,上述人员如有收受财物情况该如何认定呢?

第一,具有国家工作人员身份者,也就是学校的领导,由教育行政系统任命的人,只要收受他人财物,就可以认定为“受贿罪”,而不问是否在“商务活动”中,因为法律要保护国家工作人员的廉洁性。

第二,除了上述人员以外的人,有可能也是学校领导,也有可能是学校的中层,更有可能是学校的普通老师,在上述的“商务活动”以外,收受了他人的财物,分两种情况:

(1)如果利用自己的职权,为他人谋取利益,则可以认定为“非国家工作人员受贿罪”；

(2)如果不存在利用自己的职权，为他人谋取利益，则一般可以认定违反纪律、职业道德。

◎医院

医院与学校有很大的相似之处。同样，也要具体情况具体分析。

1. 具有管理权和采购权，同时具有“干部”身份的人

我国的医院体制比较复杂，医院在以前计划经济时代都是国有的，因此其工作人员，尤其是管理人员，都是国家干部，也就是国家工作人员。但是，现在情况有所不同，医院大多是混合制的，即国有的股份占主导，兼有非国有的股份。在这样的体制下，医院工作人员的身份就比较难以确定；身份的不同，所涉嫌犯罪的罪名也就不同。

医疗机构中的国家工作人员，在药品、医疗器械、医用卫生材料等医药产品采购活动中，利用职务上的便利，索取销售方财物，或者非法收受销售方财物，为销售方谋取利益，构成犯罪的，依照《刑法》第三百八十五条的规定，以受贿罪定罪处罚。此等同于国家工作人员受贿。这里主要是指医院的院长、书记、科室主任，药品、器械、材料等采购人员等。

2. 具有管理权和采购权，但不具有“干部”身份的人

在我国医疗机构中，有相当一部分人是医院的管理人员、采购人员，但其本身不具有“干部”的身份，是受医疗机构的聘请，担任院长或科室主任、采购部经理等。这些人如果在药品、医疗器械、医用卫生材料等医药产品采购活动中，利用职务上的便利，索取销

售方财物，或者非法收受销售方财物，为销售方谋取利益，构成犯罪的，依照《刑法》第一百六十三条的规定，以非国家工作人员受贿罪定罪处罚。

3. 一般的“处方医生”

普通医生最大的权力、使用最多的，就是在门诊、手术时开具处方。许多医药销售商为了扩大或提高其药品、器材的消耗量，千方百计地让医生多开“处方”，加大药剂量、器材量，多用该产品或多用该销售商的产品；作为回报，医药销售商给予此多开处方的医生“回扣”。这种现象，在前几年比较多见。由于对医生的身份在法律中一时难以确认，司法实践中对此类行为的打击不够有力。

现在，对此类行为，以法律的名义加以明确。《关于办理商业贿赂刑事案件适用法律若干问题的意见》规定：

“医疗机构中的医务人员，利用开处方的职务便利，以各种名义非法收受药品、医疗器械、医用卫生材料等医药产品销售方财物，为医药产品销售方谋取利益，数额较大的，依照刑法第一百六十三条的规定，以非国家工作人员受贿罪定罪处罚。”

◎评标询价组织

在评标、询价、谈判、采购等活动中，投标人、销售人等往往会想尽办法打听评标委员会、谈判小组的组成人选，为了达到自己的目的，向上述人员行贿；反之，一些心术不正的评标人员、采购人员，利用自己的表决权、决定权，向投标人、销售人索取贿赂。由于这些评标委员会、询价委员会、谈判小组等机构系临时性组织，以前很难将之准确定位，但现在法律已经明确。

1. “国有代表”受贿，定“受贿罪”

“国有代表”，是指依法组建的评标委员会、竞争性谈判采购中谈判小组、询价采购中询价小组中，代表国家机关或者其他国有单位，或者受国有单位的委派（前提是国家工作人员），参与评标、询价或领导评标、询价的人。

“国有代表”在招标、政府采购等事项的评标或者采购活动中，索取他人财物或者非法收受他人财物，为他人谋取利益，数额较大的，依照《刑法》第三百八十五条的规定，以受贿罪定罪处罚。

因为“国有代表”就是“国家的人”，本身系国家工作人员，收受贿赂就可以定“受贿罪”。

2. “非国有代表”受贿，定“非国家工作人员受贿罪”

除却“国有代表”，即不具有国家工作人员身份者，依法组建的评标委员会、竞争性谈判采购中谈判小组、询价采购中询价小组的组成人员，在招标、政府采购等事项的评标或者采购活动中，索取他人财物或者非法收受他人财物，为他人谋取利益，数额较大的，依照《刑法》第一百六十三条的规定，以非国家工作人员受贿罪定罪处罚。

3. 身份的置换

这里有相当一部分人员，很可能是学者、专家，或者是在某一领域内有一定影响的人。这些人如果不是参与上述的评标、询价活动，一般从事着科学技术领域的研究。在科学技术领域的研究中，一般不会涉及“非国家工作人员受贿罪”的问题。但是，一旦受邀请、聘请而担任评标、询价等小组成员，就负有特殊的使命，此时这些人就可以成为“非国家工作人员受贿罪”的主体。

第四章　积极救赎：出事后的应对之策

第一节　廉政账户

◉581——“我不要”专用账户

2000年，浙江省宁波市发生重大贪腐案件，100多名干部纷纷落马。其中有市委书记，还有两位副市长、三个秘书长、四个银行行长，以及一大批处级、科级干部。

在法庭上，许多犯事的干部流下悔恨的泪水：

当时是不想拿的，只是推托不掉；

当时行贿人扔下钱就走了，我无法归还；

当时我是想当面推辞的，但比我大的领导收了，我不好不拿；

当时一时糊涂收了，事后想退但没有地方退啊；

……

于是，有人就想：要是有一个地方可以接收这些贿赂款，就可以让那些“当时不想收但没地方退”“当时一时糊涂收了但事后没地方退”的干部有一个补救、拯救自己的机会，那该多好！

“581”账户横空出世！

2000年1月20日，中共宁波市纪委正式发出《关于党员干部廉洁自律专用账户的通知》，要求各级党政机关、社会团体和企事业单位的党员干部，将收受的无法退回和不便退回的各种礼金按规定上交单位，或在规定时间内到工商银行宁波分行各网点存入"581"专用账户。将资金上交至这个意即"我不要"的"581"账户，将视为主动拒礼拒贿。

但对无法拒收的各种礼品，仍按规定上交单位。

像银行的其他储蓄业务一样，"581"也有自己的专用凭证。银行为这个特殊业务新设了特殊的填单。这种专为"581"服务的单子，包括四个要素：收款人、账号、金额、时间。

收款人：统一为"宁波市纪委党风廉政建设办公室"。

账号："581"。

交款人：可以不写，匿名。

再填写交款时间和金额。

如此，整个交款、退款过程结束。

通知下发时正值春节送礼高峰期，1月31日，第一笔退款1100元进入"581"账户。整个春节期间工商银行共收到37笔款，总计15万元。至2004年，该账户已累计进账1000多万元。

鉴于"581"的功能和效果，浙江其他地区和全国各地纷纷仿效。

2001年2月，黑龙江在全省的工商银行、农业银行网点开设了"581"廉政账户。甘肃、福建、陕西、河南、山西、辽宁、四川等地也相继建立自己的廉政账户。

两种声音

在施行了一段时间后，对于"581"专用账户出现了两种不同的声音。

肯定者：廉政账户措施是我国特有的产物，可以鼓励收礼受贿人员通过这个渠道拯救自己；设立廉政账户，是一种内部的监督和处理，它与司法制度和诉讼制度呈互补态势；廉政账户的设立，也是一种体谅人性弱点的做法，这样一个非常细微的心理影响，会有助于社会个体的自我完善。

反对者：涉嫌触犯刑律的嫌疑人，依法不该由有关部门自拟的纪律性规定来调控，而应由刑法调控，有关部门不得擅自对这些人作法外“除罪化”处理；廉政账户对刑罚震慑功能和刑法公正性都有无形的损害，廉政账户的开设，意味着对其他同类罪犯的不公，甚至“可能成为一些犯罪的避风港”；因为有廉政账户的存在，腐败分子大不了在风声吃紧、行将败露之时将受贿款项往账户里一塞了事。

“581”不是“免死牌”

很多质疑廉政账户者，有一个错误的认识：以为只要将收受的款项交入“581”账户就可万事大吉。其实并非如此。

第一，交入“581”账户肯定是好的。如不认定为犯罪所得，也是非法所得；既然是非法所得，最终还是要被追缴的。与其最终被追缴，还不如早点主动退还。如果是犯罪所得，则主动上缴，更能体现认罪悔罪表现。

第二，交入“581”账户也有个时间问题。交入“581”账户一般可能认为“拒贿”，可以不追究刑事责任；但并不是任何时候交进去都可以“免责”。举个极端的例子：收受款项后过了3年、5年再交进去也算“拒贿”？听到同伙、行贿人“进去”了再去交入“581”账户，也算“拒贿”？这些恐怕就不能再算“拒贿”了吧。因此，有个交款时间的问题。从法理、情理上讲，一般要求“及时”上交。也就是在收受款项后，只有及时交入“581”账户者，才能算“拒贿”。

那么，什么是“及时”，多长时间算“及时”呢？

宁波市纪委规定：1个月内。

浙江省纪委规定：1个月内。

其他省市也大多规定：1个月内。

笔者以为，“1个月内”是比较合理的时间。

当然，如果有特殊情况，超出1个月再交，也并非完全不可。如40天行不行？50天行不行？关键是要讲得出“合理的理由”——为什么不及时上交呢？要看理由是否成立，是否说得通，是不是站得住脚。比如，在无法推辞收受款项后第二天一早即出国考察，40天后才回国，回国后的第二天，也即收受后第41天才交入“581”账户，那也应当被认为是“及时”。

虽然笔者如是说，但有些人千万别侥幸，认为可以拖一段时间。这种事是不能拖的，多拖一天，就有多一天的风险。本可以争取主动，是自动拒贿；但万一迟了一天，有人“出事”了，才去上交，这可能就两说了。

要妥善保管“交款凭证”

在此，有一个重中之重，那就是交了款之后，千万要取得“交款凭证”，且要查验该“交款凭证”是否盖有银行收讫的印章。这是拒贿的有力证据！将来万一“东窗事发”，可以借此证明自己的清白。

如果交了款，没有获得此交款凭证，那就算白交了。

当然，真正要查还是查得清楚的。如果真的光交款未取得凭证，将来要去银行调取交款档案，有无这一笔交入的款项存在；还要进一步查验交款凭证的笔迹。万一银行档案遗失呢？如火灾、水灾、地震等一切皆有可能。

取得交款凭证后，还有一个妥善保管的问题，要将此凭证像银行存折一样尽心保管。在某种程度上，这个交款凭证要远远胜过银行存折。因为它不是一笔一般的存款、交款，一般的存款只是财富的多少而已，而它则关系重大。因此，取得此交款凭证后，除要将原件妥善保管外，还应将此凭证复制数份，多个“篮子”保管，以便于将来多渠道取得(交款证明)。

第二节　自我救赎

◎自首

《刑法》第六十七条规定：“对于自首的犯罪分子，可以从轻或者减轻处罚。其中，犯罪较轻的，可以免除处罚。”

正因为《刑法》有如此规定，故很多人“犯事”后想自赎自救，想到的自然是“自首”——以期获取从轻、减轻甚至免除处罚。但是，现实生活中有不少人并没有真正掌握“自首”的法律要义，最后反而演变成“自投罗网”“避重就轻”“不认罪服法”。那么，如何来客观准确地认识“自首”呢？

法律上的自首

1997年《刑法》第六十七条规定：“犯罪以后自动投案，如实供述自己的罪行的，是自首。”

同条第二款规定：“被采取强制措施的犯罪嫌疑人、被告人和正在服刑的罪犯，如实供述司法机关还未掌握的本人其他罪行的，以自首论。”

根据《刑法》的上述表述，学理上自首分为“一般自首”和“特殊自首”。

"一般自首",也被称为"普通自首",是指犯罪以后自动投案,如实供述自己罪行的行为。

"特别自首",亦称"准自首""余罪自首",是指被采取强制措施的犯罪嫌疑人、被告人和正在服刑的罪犯,如实供属司法机关还未掌握的本人其他罪行的行为。

一般来说,要成立自首,必须具备两个条件:

A. 自动投案;

B. 如实供述自己的罪行。

自动投案

自动投案,是指犯罪事实或者犯罪嫌疑人未被司法机关发觉,或者虽被发觉,但犯罪嫌疑人尚未受到讯问、未被采取强制措施时,主动、直接向公安机关、人民检察院或者人民法院投案。

言下之意:

(1)收受贿赂的犯罪事实没有被发现,司法机关还不知道受贿人收受贿赂,这个时候主动向司法机关投案了,是自动投案。

(2)贿赂犯罪的事已经被发现,但受贿人是否收受贿赂司法机关尚不清楚,这个有时候主动向司法机关投案了,是自动投案。

(3)贿赂犯的事已经被发现,司法机关也知道受贿人收受了贿赂,但司法机关还来不及讯问,也就是在司法机关讯问之前,自己主动向司法机关投案了,是自动投案。(但是,这种情况被有关司法机关曲解:有的司法机关认为在司法机关知道贿赂行为后再去投案,不算自动投案。笔者认为这种观点是错误的,具体在下节相关内容中再阐述。)

投案的时间

第一,犯罪事实和犯罪人都没有被发现,犯罪人自动投案。(指司法机关尚未掌握犯罪事实时,这种自动投案的质量最高。)

第二,犯罪事实已经被发现但不知犯罪人是谁,犯罪人自动投案。(出事了,但不知谁干的。这种自动投案的质量其次。)

第三,犯罪事实和犯罪人都已经被发现,但在犯罪嫌疑人尚未受到讯问、未被采取强制措施之前,犯罪人自动投案。(这种自动投案的质量不是很高,且司法实践中存在不同认识。)

第四,犯罪后逃跑,在被通缉、追捕过程中,犯罪人自动投案。(这种在走投无路的情况下的自动投案,质量最差;但对这种最差质量的自动投案,司法实践中反而没有不同认识,都认为是自动投案。这与上述第三种情况形成鲜明的对比。)

向谁投案

向谁投案范围是很广的,要能够代表一级组织,在司法实践中一般均予以认可的。主要的投案对象有以下几种:

第一,司法机关,即公安、检察院、法院。

这是最直接的,不用进行"模式"转换的。投案当然最好是向司法机关,如果向其他机关投案还有一个向司法机关"证明"的问题。

这里的司法机关,可以是跨系统的。也就是说,依法属于公安管辖的案件,也可向检察院、法院去投案;当然,不属于自己系统管辖的案件,相关司法机关可能会建议投案人去有管辖权的司法系统投案。

这里的司法机关,也可以是跨区域的。也就是说,属于浙江的司法机关管辖的案件,北京的司法机关也可接受投案。当然,相关司法机关也有可能建议投案人去有地域管辖权的司法机关投案。

上述跨系统、跨区域的投案,在法律上均是认可的;但是,这种跨系统、跨区域的投案,投案人最好留有证据。也就是说,当别的系统、区域不接受投案人的投案而建议其到有管辖权的司法机关投案时,其有可能在去有管辖权的司法机关投案的路上被抓获。这时如果投案人持有曾经去外地、外系统投案的"证明",则能证明其投案是真实的;否则,怕说不清楚,可能会被误认为是"被司法机关抓获的"。

第二,所在单位。

向犯罪嫌疑人自己所在的单位投案,如某厅、某局,最好是这些单位的纪委、监察室,因为这些部门更专业,更懂得如何去依法处理这些事情。这是指犯罪嫌疑人有正式单位的情况。如果犯罪嫌疑人所在单位系临时的、松散的、不正规的,那还是建议向司法机关投案,免得届时所做功为无用功。

第三,城乡基层组织。

犯罪嫌疑人没有正式单位,或是社会上的自由人,无法归入某一单位或某一系统的,那么也可以向所在居所的街道、居委会、乡镇、村委会等基层组织投案。

第四,有关负责人。

主要指一些领导干部,或者级别比较高的领导干部,如果要投案,除了司法机关、纪委等部门,也可以选择向所在地区、行业的领导投案。

虽然这也是一种途径,但一般的负责人不一定具有这方面的法律知识;同时,需要该负责人出面"证明"投案问题时,会遇到一些障碍——少数负责人不愿意出来"作证"。因此,建议还是选择向主要领导投案汇报的同时，再向有关司法机关投案。

投案的方式

第一，本人直接投案。

是指犯罪嫌疑人亲自上门去投案；当然，也可以选择家人、亲友甚至律师陪同前去投案。

第二，委托他人先代为投案。

有些时候可能情况紧急，或投案心切，但身在国外等一时无法立即投案，也可以选择委托他人先代为投案，然后自己前去投案。这样做的好处，就是可以赢得时间，争取主动。

第三，先以信件、电话投案。

现代科技比较发达，为了争取主动、争取时间，可以选择先以信件、电话、邮件等现代化通信工具投案，再在合理时间前去投案。这样，也可以节约司法成本。

第四，陪同投案。

犯罪嫌疑人去投案的时候也可以选择家人、亲友甚至律师陪同前去投案。这一方面可以“壮胆”——有些犯罪嫌疑人比较胆小，不知道如何投案；也可以多一个人证，将来为是否主动投案作个证。

第五，经亲友规劝投案。

投案，主要反映的是投案人愿意接受法律处罚的一种行为和心态，且这种行为和心态是表现为最终的状态。因此，不问犯罪嫌疑人在投案之前的各种心理、矛盾状态（也可能曾经想逃避法律制裁），只要最终去投案了，哪怕是在亲友的规劝之下，最后同意或勉强同意去投案的，也是投案。

第六，被捆绑投案。

照理说，犯罪嫌疑人被捆绑着送去投案，这是一种"大义灭亲"的行为，主要反映的是犯罪嫌疑人亲属的主观思想与客观行为。当然，也有可能犯罪嫌疑人自己本身也想去投案的，只不过亲属们行为"过激"，动作迅速。如果犯罪嫌疑人自身就有投案思想，那与被捆绑没有关系。但是，问题是如果犯罪嫌疑人自身愿意去投案，何必要捆绑呢？所以，笔者以为，被捆绑着由亲属押送着去投案的，算不上真正的"投案"。但司法实践中，这种被捆绑着去投案的也有被认定为"参照自动投案，酌情从轻处罚"的情况。

几种特殊的投案

为了系统阐述自动投案问题，下面列出几种特殊情况下的投案（可能与贿赂犯罪关系不大）。

（1）犯罪后主动报案，虽未表明自己是作案人，但没有逃离现场，在司法机关询问时交代自己罪行的（自己报案待捕）；

（2）明知他人报案而在现场等待，抓捕时无拒捕行为，供认犯罪事实的（他人报案待捕）；

（3）在司法机关未确定犯罪嫌疑人，尚在一般性排查询问时主动交代自己罪行的（大海捞针时交代）；

（4）因特定违法行为被采取劳动教养、行政拘留、司法拘留、强制隔离戒毒等行政、司法强制措施期间，主动向执行机关交代尚未被掌握的犯罪行为的（非刑事拘押时交代）；

（5）交通肇事后保护现场、抢救伤者，并向公安机关报告的，应认定为自动投案。

如实供述

如实，要求供述时实事求是，不夸大也不缩小，与客观一致；

供述，要求如实回答司法机关的讯问，也可以主动要求陈述、书写。

如实供述自己的犯罪，侧重点是讲清楚自己的问题，自己在这个犯罪中的所作所为、所起作用、所处地位、所产生的后果等；当然，涉及共同犯罪的，对于自己知道的同案犯的情况也应当如实供述。

交代的彻底性问题

供述了一部分，隐瞒了一部分

这主要指一个人同时犯有好几个罪名的情形。如果犯有数罪的犯罪嫌疑人仅如实供述所犯数罪中部分犯罪的，那么只对如实供述部分犯罪的行为，认定为自首；对其他没有供述的犯罪则自然不能认定为自首。

比如说，一个国家干部既有受贿，又有贪污。但他只向司法机关如实供述了自己贪污部分的犯罪，而没有供述自己受贿部分的犯罪。在这样的情况下，司法机关一般认定该犯罪分子对于"贪污罪"是自首，而对于"受贿罪"则不是自首。

因此，自首不存在"挂靠"的问题，即不是"讲了一个问题，其他问题也跟着受惠"，而是"讲了什么，只针对该内容为自首"。

多人一起干的干事

尽管法律术语上表述的是"如实供述"自己的"犯罪问题"，一般来说是讲"自己的"犯罪问题，这是指通常情况下一个人单独犯罪的情况。但对于多人犯罪、共同犯罪、团伙犯罪、集团犯罪等非仅一人的犯罪，除如实供述自己的罪行，还应当供述所知的同案犯的犯罪情况——当然，指"自己所知道的"同案犯的情况，才能认定为自首。

对于主犯,则应当供述整个犯罪团伙的情况。因为是主犯,其应当知道整个团伙的情况、整个犯罪的情况。所以,除了供述自己的情况外,理应供述整个团伙的情况。故对于主犯自首的要求比较高。

多次干同种坏事

同一个犯罪嫌疑人,多年来、长时间一直犯同一种罪,如长期受贿。

从刑法理论上讲,每一次受贿均可能独立成立一个犯罪。如果该人在5年内受贿了100次共500万元,从理论上讲,犯了100次受贿罪。但由于属于同一犯罪,故在最终认定时,只能定一个罪名:受贿罪。至于多次受贿,可以从受贿数额上加以体现。

但现在的问题是,这个犯罪嫌疑人在供述时:

A. 只讲了自己受贿400万元的受贿犯罪,而未提及另外100万元的受贿。

B. 只讲了自己受贿100万元的受贿犯罪,而未提及另外400万元的受贿。

针对上述情况,就要具体情况具体分析了:

对于A种情况,由于其供述了"主要的"犯罪事实,供述的多于未供述的,因此,一般可以认定为自首。

对于B种情况,由于其仅供述了"一小部分"犯罪事实,供述的远少于未供述的,因此,一般不予认定为自首。

严重的讲了,较轻的没讲

虽然投案后没有交代全部犯罪事实,但如实交代的犯罪情节重于未交代的犯罪情节,或者如实交代的犯罪数额多于未交代的犯罪数额，一般应认定为如实供述自己的主要犯罪事实。

至于为何没有供述“较轻的”犯罪，情况比较复杂，极有可能系“健忘”所致。从一般情况去分析，如果“严重的”犯罪都已经讲了，没有必要再隐藏“较轻的”犯罪。

因此，对于该种情况，一般认定为自首。

但是，若无法区分已交代的与未交代的犯罪情节的严重程度，或者已交代的犯罪数额与未交代的犯罪数额相当，一般不认定为如实供述自己的主要犯罪事实。

前面如实供述了，后面又翻供了

犯罪嫌疑人自动投案并如实供述自己的罪行后又翻供的，不能认定为自首；这说明犯罪嫌疑人的主观意识还是“不想”如实供述，后面的“反悔”不是对前面“供述”的纠正，而是想逃避法律的制裁。因此，对于该种情况不认定为自首是正确的。

那有人就会问了：前面毕竟是供述了呀！

这种供述本是有用的，有利于犯罪嫌疑人的，但就是因为后面的“反悔”而“前功尽弃”。

当然，还有补救的机会。

如果在一审判决前又能如实供述的，应当认定为自首。

那也有人会问：我在二审判决前再如实供述，又会怎样呢？

在二审判决前再如实供述，那就不能认定为自首了，但毕竟还是“招”了，可以算是认罪、悔罪的表现吧。

投案时没讲主要的，但在司法机关掌握前还是讲清楚了

犯罪嫌疑人自动投案时虽然没有交代自己的主要犯罪事实，但在司法机关掌握其主要犯罪事实之前主动交代的，应认定为如

实供述自己的罪行。

比如说，有的犯罪嫌疑人在向自己单位的领导、负责人或司法机关“自首”时，避重就轻，没讲主要的，只讲了些“鸡毛蒜皮”的小东西，想“以小博大”——获取自首的好处；但是，慑于司法机关的威严，在司法机关没有掌握前还是讲清楚了，那也是自首。

如实供述司法机关尚未掌握的罪行，与司法机关已掌握的或者判决确定的罪行属同种罪行的，可以酌情从轻处罚；如实供述的同种罪行较重的，一般应当从轻处罚。

司法机关已经掌握的问题

犯罪嫌疑人、被告人在被采取强制措施期间，向司法机关主动如实供述本人的其他罪行，该罪行能否认定为司法机关已掌握的，应根据不同情形区别对待。

(1)如果该罪行已被通缉，一般应以该司法机关是否在通缉令发布范围内作出判断，不在通缉令发布范围内的，应认定为还未掌握，在通缉令发布范围内的，应视为已掌握。

(2)如果该罪行已录入全国公安信息网络在逃人员信息数据库，应视为已掌握。

(3)如果该罪行未被通缉、也未录入全国公安信息网络在逃人员信息数据库，应以该司法机关是否已实际掌握该罪行为标准。

(4)所谓“司法机关尚不掌握”，原则上应当是指抓获、讯问犯罪嫌疑人的司法机关不掌握。

(5)交代同种罪可视为自首的例外情形：一般情况下，交代同种罪，不能认定为自首，至多认定为坦白；但是，办案机关所掌握线索针对的犯罪事实不成立，在此范围外犯罪分子交代同种罪行的，可视为自首。

在纪委已经交代的问题

1. “98 司法解释”

1998 年，最高人民法院出台司法解释：

“自动投案，是指犯罪事实或者犯罪嫌疑人未被司法机关发觉，或者虽被发觉，但犯罪嫌疑人尚未受到讯问、未被采取强制措施时，主动、直接向公安机关、人民检察院或者人民法院投案。”

请注意，这里讲的是：未被“司法机关”发觉。言下之意，除了司法机关外，即使其他机关（如纪委）已经“发觉”，此时如果进行投案，仍然可以是“自动投案”。

2. “09 两高意见”

2009 年，最高人民法院、最高人民检察院联合出台《意见》：

“犯罪事实或者犯罪分子未被办案机关掌握，或者虽被掌握，但犯罪分子尚未受到调查谈话、讯问，或者未被宣布采取调查措施或者强制措施时，向办案机关投案的，是自动投案。在此期间如实交代自己的主要犯罪事实的，应当认定为自首。

没有自动投案，在办案机关调查谈话、讯问、采取调查措施或者强制措施期间，犯罪分子如实交代办案机关掌握的线索所针对的事实的，不能认定为自首。”

这里讲的是“办案机关”，而非“司法机关”。那么两者之间是什么关系呢？

最高人民法院、最高人民检察院在该《意见》出台时有个答记者问。在该答记者问里，有如下表述：

“犯罪事实、犯罪分子是否被掌握，犯罪分子是否被采取调查措施或者强制措施，是相对于办案机关而言的。这里的办案机关仅限定为纪检、监察、公安、检察等法定职能部门。”

3. 疑问

“98高法解释”与“09两高意见”的规定是不一致的。那么,以哪个为准呢?

根据“新法优于旧法”的原则,“09两高意见”出台在后,应当以该“两高意见”为准;且该“意见”由“两高”联合发布,其效力也应当高于最高法单独发布。

但是,“98高法解释”毕竟是司法解释,“09两高意见”毕竟是个“意见”。根据规定,“意见”不属于司法解释,只是一个意见而已,没有硬性规定各地法院一定要执行。如是“司法解释”,则各地法院必须执行。如此,该“意见”效力应当不及“98司法解释”。

4. 司法实践的混乱

由于“高层”认识的不统一,司法实践中就容易出现混乱:有些地方将“向纪委的交代”认定为自首;有些地方则认为“交代的问题纪委已经掌握”,即使司法机关尚未掌握,也不能认定为自首。

(1)唐志华等五人贪污、职务侵占、企业人员受贿案——在纪委交代了,属于在司法程序之前,故认定为自首(最高人民法院公报2002年第2期)。

其原文的表述为“……在侦查机关未采取强制措施前就向纪律检查机关如实交代了自己的犯罪事实,应视为自首”。

(2)深圳市能源集团有限公司原董事长劳德容——在纪委交代了,认定为自首。“由于劳德容在纪检部门‘两规’期间就主动交代了自己的罪行,纪检部门也出具的相关证明,根据法律规定,对劳德容应以自首论。”(2003年)

(3)中国烟草大王、红塔集团董事长褚时健——在纪委查处受贿犯罪时交代“受贿”犯罪,最后以“贪污”和“巨额财产来源不明罪定罪”处罚。被认定为自首。(1999年)

云南省高院的表述为："被告人褚时健因涉嫌其他犯罪被采取强制措施期间，在司法机关尚未完全掌握被告人褚时健、罗以军、乔发科共同贪污3551061美元的事实前，交代了这一犯罪事实，应按自首论。"

(4)杭州市滨江区委原书记尚国胜——纪委调查其"生活作风问题"，而自己交代"受贿"问题，认定为自首。(2011年)

"鉴于尚国胜能主动向有关组织交代其受贿的犯罪事实，系自首。"

(5)温州市瓯海区委原书记谢再兴——纪委"以调查生活作风问题为由"，实为调查其"杀人"问题，故没有认定其自首。(2010年)

单位自首问题

(1)单位可以成立自首；单位可以作自首主体。

(2)单位自首需要由自然人去实施。

(3)区分单位自首与个人自首、检举、揭发的关键在于投案人代表的是单位还是个人。

(4)单位意志：集体研究决定，也可由能够代表单位意志的负责人作出决定。

(5)尚未形成统一意见，能够代表单位意志的负责人在接受有关机关的调查、询问，或者因他罪被采取强制措施后，如实交代司法机关尚未掌握的单位犯罪事实的，也应认定为单位自首。

(6)单位自首的效果可及于个人，但需以个人如实交代其掌握的罪行为条件。

(7)个人自首的效果不能及于单位。

单位与个人的交叉问题

(1)单位自首,个人也自动投案,也如实交代自己所知道的犯罪事实的,当然是自首。

(2)单位自首的,直接负责的主管人员和直接责任人员未自动投案,但如实交代自己知道的犯罪事实的,可以视为自首。

(3)单位自首,但直接负责的主管人员和直接责任人员拒不交代自己知道的犯罪事实或者逃避法律追究的,不应当认定为自首。

(4)单位没有自首,直接责任人员自动投案并如实交代自己知道的犯罪事实的,对该直接责任人员应当认定为自首。

关于对自首、立功的被告人的处罚

第一,对具有自首情节的被告人是否从宽处罚、从宽处罚的幅度,应当考虑其犯罪事实、犯罪性质、犯罪情节、危害后果、社会影响、被告人的主观恶性和人身危险性等。

第二,自首还应考虑投案的主动性、供述的及时性和稳定性等。

第三,具有自首或者立功情节的,一般应依法从轻、减轻处罚;犯罪情节较轻的,可以免除处罚。

第四,类似情况下,对具有自首情节的被告人的从宽幅度要适当宽于具有立功情节的被告人(自首大于立功)。

第五,虽然具有自首情节,但犯罪情节特别恶劣、犯罪后果特别严重、被告人主观恶性深、人身危险性大,或者在犯罪前即为规避法律、逃避处罚而准备自首的,可以不从宽处罚。

第六,对于被告人具有自首情节,同时又有累犯、毒品再犯等法定从重处罚情节的,既要考虑自首的具体情节,又要考虑被告人的主观恶性、人身危险性等因素，综合分析判断，确定从宽或者从严处罚。累犯的前罪为非暴力犯罪的，一般可以从宽处罚；前罪为暴力犯罪或者前、后罪为同类犯罪的，可以不从宽处罚。

第七，在共同犯罪案件中，对具有自首情节的被告人的处罚，应注意共同犯罪人以及首要分子、主犯、从犯之间的量刑平衡。

关于辩解与翻供

对行为性质的辩解，不能认定为翻供。"如实供述自己的罪行"（刑法）是指"如实交代自己的主要犯罪事实"（司法解释），是犯罪事实而非指行为性质。对行为乃至对法律的认识因人而异。

被告人对司法机关作了前后不同的供述，也不能轻易认定其翻供。这里有对客观事实的认识是否正确的问题。不能排除记忆上的误差。[①]

2003年6月10日，最高人民法院对广西高院有个批复，全文如下：

"根据刑法第六十七条第一款和最高人民法院《关于处理自首和立功具体应用法律若干问题的解释》第一条的规定，犯罪以后自动投案，如实供述自己的罪行的，是自首。被告人对行为性质的辩解不影响自首的成立。"

关于自首的主要法律文件

1997年《刑法》第六十七条；

《关于处理自首和立功具体应用法律若干问题的解释》，最高人民法院1998年颁布；

---

① 《刑事审判参考》第1辑，法律出版社，2003年。

《关于办理职务犯罪案件认定自首、立功等量刑情节若干问题的意见》，最高人民法院、最高人民检察院2009年发布；

《关于处理自首和立功若干具体问题的意见》，最高人民法院2010年印发。

◎坦白

如果行为人没有“自动投案”的前提，但到案后“如实供述”自己的罪行，这就是我们平常说的“坦白”。

“坦白”虽然够不上“自首”，但依法也可以从宽。

《刑法修正案（八）》规定：

在《刑法》第六十七条中增加一款作为第三款：“犯罪嫌疑人虽然不具有前两款规定的自首情节，但是如实供述自己罪行的，可以从轻处罚；因其如实供述自己罪行，避免特别严重后果发生的，可以减轻处罚。”

◎立功

自赎，除了自首，还有立功。

虽然两种方式均可以获取法律的从轻或减轻处罚，犯罪嫌疑人、被告人可以选择使用或同时使用，但两种方式有其使用的局限性。自首，主动权掌握在犯罪嫌疑人手中，是否要自首由其自己决定；但立功，主动权则不是完全在犯罪嫌疑人、被告人手中，因为立功是要看机会的，不是想立就能立的。

什么是立功？

立功，是指犯罪分子投案到案后，推举、揭发他人的犯罪行为，经查证属实的行为；或者犯罪分子提供重要线索，使案件得以侦破的行为。

立功表现

具有下列情形之一的，应当认定为有“立功表现”：

（一）阻止他人实施犯罪活动的；

（二）检举、揭发监狱内外犯罪活动，或者提供重要的破案线索，经查证属实的；

（三）协助司法机关抓捕其他犯罪嫌疑人（包括同案犯）的；

（四）在生产、科研中进行技术革新，成绩突出的；

（五）在抢险救灾或者排除重大事故中表现突出的；

（六）对国家和社会有其他贡献的。

重大立功表现

具有下列情形之一的，应当认定为有“重大立功表现”：

（一）阻止他人实施重大犯罪活动的；

（二）检举监狱内外重大犯罪活动，经查证属实的；

（三）协助司法机关抓捕其他重大犯罪嫌疑人（包括同案犯）的；

（四）有发明创造或者重大技术革新的；

（五）在日常生产、生活中舍己救人的；

（六）在抗御自然灾害或者排除重大事故中，有特别突出表现的；

（七）对国家和社会有其他重大贡献的。

具体来说，犯罪分子检举、揭发的他人犯罪，提供侦破其他案件的重要线索，阻止他人的犯罪活动，或者协助司法机关抓捕的其他犯罪嫌疑人，犯罪嫌疑人、被告人依法可能被判处无期徒刑以上刑罚的，应当认定为有重大立功表现。其中，可能被判处无期徒刑以上刑罚，是指根据犯罪行为的事实、情节可能判处无期徒刑以上刑罚。案件已经判决的，以实际判处的刑罚为准。但是，根据犯罪行为的事实、情节应当判处无期徒刑以上刑罚，因被判刑人有法定情节经依法从轻、减轻处罚后判处有期徒刑的，应当认定为重大立功。

应当系本人所为

立功必须是犯罪分子本人实施的行为。为使犯罪分子得到从轻处理，犯罪分子的亲友直接向有关机关揭发他人犯罪行为，提供侦破其他案件的重要线索，或者协助司法机关抓捕其他犯罪嫌疑人的，不应当认定为犯罪分子的立功表现。

应当具有实际作用

据以立功的他人罪行材料应当指明具体犯罪事实；据以立功的线索或者协助行为对于侦破案件或者抓捕犯罪嫌疑人要有实际作用。犯罪分子揭发他人犯罪行为时没有指明具体犯罪事实的，揭发的犯罪事实与查实的犯罪事实不具有关联性的，提供的线索或者协助行为对于其他案件的侦破或者其他犯罪嫌疑人的抓捕不具有实际作用的，不能认定为立功表现。

应当经过查证属实

犯罪分子揭发他人犯罪行为，提供侦破其他案件重要线索的，必须经查证属实，才能认定为立功。审查是否构成立功，不仅要审查办案机关的说明材料，还要审查有关事实和证据以及与案件定性处罚相关的法律文书，如立案决定书、逮捕决定书、侦查终结报告、起诉意见书、起诉书或者判决书等。

不能认定为立功

据以立功的线索、材料来源有下列情形之一的，不能认定为立功：

(1)本人通过非法手段或者非法途径获取的；

(2)本人因原担任的查禁犯罪等职务获取的；

(3)他人违反监管规定向犯罪分子提供的；

(4)负有查禁犯罪活动职责的国家机关工作人员或者其他国家工作人员利用职务便利提供的。

对立功的褒奖

对于具有立功情节的犯罪分子，应当根据犯罪的事实、性质、情节和对社会的危害程度，结合立功表现所起作用的大小、所破获案件的罪行轻重、所抓获犯罪嫌疑人可能判处的法定刑以及立功的时机等具体情节，依法决定是否从轻、减轻或者免除处罚以及从轻、减轻处罚的幅度。

第三节　刑罚的变更

◎减刑

减刑：对于已经被判处管制、拘役、有期徒刑、无期徒刑的犯罪分子，在刑罚执行期间，如果认真遵守监规，接受教育改造，确有悔改表现的，或者有立功表现的，可以减刑。被减去的刑罚不再执行。

对于判处死刑立即执行的，不适用减刑。但对于判处死刑缓期2年执行的，可以适用减刑。

确有悔改表现

“确有悔改表现”是指同时具备以下四个方面情形：

(1)认罪悔罪；

(2)认真遵守法律法规及监规，接受教育改造；

(3)积极参加思想、文化、职业技术教育；

(4)积极参加劳动，努力完成劳动任务。

关于申诉

(1)对罪犯在刑罚执行期间提出申诉的，要依法保护其申诉权利，对罪犯申诉不应不加分析地认为是不认罪悔罪。

(2)罪犯本人的申诉，有时也会被认定为“不认罪服法”。因为一般的理解是：罪犯既然申诉，表明其对生效的裁判结果不服；否则，如果服判的话，不可能再在服刑时间提出申诉。但如果罪犯其他各方面均表现良好，如遵守监规、认真劳动改造等，只是对裁判结果有异议，若对此类情况一律按“不认罪服法”对待，罪犯就不可能获取减刑，这似乎也不公平。

因此，为了既不影响教育改造，也不影响申诉的进行(有时确有冤假错案的存在)，根据法律规定，犯罪分子的近亲属也有权进行申诉。

关于财产刑的执行

财产刑的执行，是罪犯认罪服法的表现之一。如果将赃款赃物全部退清、罚金全部缴纳完毕，这当然是罪犯的积极表现。但司法实践中，往往财产刑（罚金）的执行不能到位或不能全额到位，这种情况有众多原因，不能一概而论。

“罪犯积极执行财产刑和履行附带民事赔偿义务的，可视为有认罪悔罪表现，在减刑、假释时可以从宽掌握；

确有执行、履行能力而不执行、不履行的，在减刑、假释时应当从严掌握。”

这是对财产刑执行与减刑关系掌握的基本原则。但也应当看到：

（1）财产刑是罪犯应当承担的刑罚，而非家属亲友应当承担的责任。

（2）有些财产刑数额很大，作为罪犯已经服刑，其本人可能没有能力履行，而其家属亲友也不可能帮助其履行。

针对上述情况，如果一律按没有执行或没有较好地执行财产刑来对待，罪犯即使认真改造也得不到减刑的机会，这似乎也不公平。

因此，对于财产刑的执行，可能要本着“具体情况具体分析”的精神去酌情处置。

单次减刑的幅度

对有期徒刑罪犯在刑罚执行期间，符合减刑条件的减刑幅度为：

如果确有悔改表现的，或者有立功表现的，一般一次减刑不超过一年有期徒刑；如果确有悔改表现并有立功表现，或者有重大立功表现的，一般一次减刑不超过两年有期徒刑。

被判处10年以上有期徒刑的罪犯，如果悔改表现突出的，或者有立功表现的，一次减刑不得超过两年有期徒刑；如果悔改表现突出并有立功表现，或者有重大立功表现的，一次减刑不得超过3年有期徒刑。

有期徒刑罪犯的减刑起始时间和间隔时间为：被判处5年以上有期徒刑的罪犯，一般在执行1年半以上方可减刑；两次减刑之间一般应当间隔1年以上。被判处10年以上有期徒刑的罪犯，一次减2年至3年有期徒刑之后，再减刑时，其间隔时间一般不得少于2年。被判处不满5年有期徒刑的罪犯，可以比照上述规定，适当缩短起始和间隔时间。

确有重大立功表现的，可以不受上述减刑起始和间隔时间的限制。

在有期徒刑罪犯减刑时，对附加剥夺政治权利的刑期可以酌减。酌减后剥夺政治权利的期限，最短不得少于1年。

对判处拘役或者3年以下有期徒刑、宣告缓刑的犯罪分子，一般不适用减刑。

如果在缓刑考验期间有重大立功表现的，可以参照《刑法》第七十八条的规定，予以减刑，同时相应缩减其缓刑考验期限。减刑后实际执行的刑期不能少于原判刑期的二分之一，相应缩减的缓刑考验期限不能低于减刑后实际执行的刑期。判处拘役的缓刑考验期限不能少于两个月，判处有期徒刑的缓刑考验期限不能少于一年。

多次减刑的幅度

减刑不以一次为限，可以多次进行，法律没有上限的规定。这主要是从有利于罪犯改造的角度出发的。只要罪犯认真服刑、积极改造、争取立功等，就可以获得减刑、多次减刑。减刑总的次数虽然没有限制，但减刑总的幅度还是有限制的。法律是严肃的，判决也是严肃的，总不能法院判了以后经过若干次减刑将原判刑罚全部减掉，这不符合法律的规定。因为毕竟是犯罪了，应当受到刑法的处罚。

因此，无论经过多少次的减刑，最低的刑罚还是要接受的。

根据《刑法修正案（八）》的规定，减刑以后实际执行的刑期不能少于下列期限：

（一）判处管制、拘役、有期徒刑的，不能少于原判刑期的二分之一；

（二）判处无期徒刑的，不能少于十三年；

（三）人民法院依照本法第五十条第二款规定限制减刑的死刑缓期执行的犯罪分子，缓期执行期满后依法减为无期徒刑的，不能少于二十五年，缓期执行期满后依法减为二十五年有期徒刑的，不能少于二十年。

减刑的限制

《刑法》原规定：判处死刑缓期执行的，在死刑缓期执行期间，如果没有故意犯罪，二年期满以后，减为无期徒刑；如果确有重大立功表现，二年期满以后，减为十五年以上二十年以下有期徒刑。

但在司法实践中，某些被处死缓的犯罪行为情节恶劣、后果严重，虽然尚未达死刑（立即执行）的程度，但根据刑法“罪刑相适应”的原则，应当严格限制对此类严重的罪犯的减刑，延长其实际服刑期。

故《刑法修正案（八）》作出上述限制减刑的规定。

但针对两类特定的对象：

（1）被判处死刑缓期执行的累犯。并非所有被判处死缓的犯罪分子均要被限制减刑，只是被判处死刑缓期执行的“累犯”。“累犯”，说明犯罪恶意较深，且此前没有接受好法律的惩处与教育，对其限制减刑也属“应该”。

（2）因故意杀人、强奸、抢劫、绑架、放火、爆炸、投放危险物质或者有组织的暴力性犯罪被判处死刑缓期执行的犯罪分子。这些犯罪都是严重暴力性犯罪，社会危害大，“理应”受到更长时间的惩罚。

根据上述规定，人民法院根据犯罪情节等情况，可以同时决定在依法减为无期徒刑或者二十年有期徒刑后，不得再减刑。

由此，被判处死缓限制减刑的罪犯，其最低服刑时间如下。

如果缓期执行期满后被依法减为无期徒刑的，将不能少于二十五年；再加上缓期执行期二年，其实际执行期限最低为二十七年。

如果缓期执行期满后被依法减为二十五年有期徒刑的，将不能少于二十年；再加上缓期执行期二年，其实际执行期限最低为二十二年。

减刑的程序

减刑的程序是为了保证减刑的合法性与严肃性，确保减刑的效果。根据我国《刑法》第七十九条的规定，减刑案件由中级以上人民法院管辖。

减刑的程序大体上按照以下方法进行操作。

1. 对受刑的人考察

对受刑人的考察是适用减刑的基础工作，是减刑的第一道程序。受刑人只有在服刑期间确有悔改或者立功表现才能获得减刑。而要认定受刑人是否确有悔改或者立功表现，就必须对其在服刑期间的表现加以认真考察，从而为减刑创造条件。

2. 提出减刑建议书

监狱以及其他刑罚执行机关通过对受刑人服刑期间的表现进行考察后，如果认为受刑人在服刑期间确有悔改或者立功表现，符合减刑的条件，就可以依法向法院提出减刑建议书。监狱提请减刑的程序应当依照司法部《监狱提请减刑假释工作程序规定》执行。

3. 依法裁量减刑

依法裁量减刑，是指法院依照法律规定和受刑人在服刑期间的悔罪或者立功表现，对一定之罪犯适用减刑。由于减刑是审判权之行使，应当将其与对一个人的判决的重要性相提并论。因此，在减刑裁量中，应当严格掌握减刑条件。

减刑的开始与间隔

减刑的间隔是指同一受刑人前后两次减刑的时间距离。对于同一受刑人前后两次减刑之间应有一定的间隔，以便考察受刑人在前次减刑后是否又有悔改或者立功表现。

一般地，对于被判5年以上有期徒刑的罪犯，在执行1年以上方可减刑，两次减刑之间以间隔1年以上为宜；被判处10年以上有期徒刑的罪犯，一次减2年至3年有期徒刑之后，再减刑时，其间隔一般不得少于2年。

被判处不满5年有期徒刑的罪犯，可以参照上述规定，适当缩短间隔时间。

确有重大立功表现的，可以不受上述时间的限制。

判处管制和拘役的罪犯，由于本身刑期较短，一般来说不存在二次减刑的问题，因而也就无所谓减刑的间隔。

减刑的公示

人民法院审理减刑、假释案件,应当一律予以公示。公示地点为罪犯服刑场所的公共区域。有条件的地方,应面向社会公示,接受社会监督。公示应当包括下列内容:

(一)罪犯的姓名;

(二)原判认定的罪名和刑期;

(三)罪犯历次减刑情况;

(四)执行机关的减刑、假释建议和依据;

(五)公示期限;

(六)意见反馈方式等。

减刑的审理

人民法院审理减刑、假释案件,可以采用书面审理的方式。但下列案件,应当开庭审理:

(一)因罪犯有重大立功表现提请减刑的;

(二)提请减刑的起始时间、间隔时间或者减刑幅度不符合一般规定的;

(三)在社会上有重大影响或社会关注度高的;

(四)公示期间收到投诉意见的;

(五)人民检察院有异议的;

(六)人民法院认为有开庭审理必要的。

◎假释

假释是指对被判处有期徒刑、无期徒刑的犯罪分子,在执行一定刑期以后,因其认真遵守监规,接受教育改造,确有悔改表现,不致再危害社会,因而附条件地将其提前释放的制度。

适用对象

(1)被判处有期徒刑的犯罪分子;

(2)被判处无期徒刑的犯罪分子。

下列对象不适用

(1)累犯。

(2)因杀人、爆炸、抢劫、强奸、绑架等暴力性犯罪被判处十年以上有期徒刑、无期徒刑的犯罪分子。

(3)死刑立即执行,因其特殊性质,不存在假释的问题。

(4)死刑缓期二年执行也不能直接适用假释,但在死缓减为无期徒刑或有期徒刑之后,具备了假释的条件才可以适用假释。

(5)拘役的刑期短,适用假释没有实际意义。如果被判处拘役的罪犯确有悔改表现,可以宣告缓刑或者减刑。

(6)被判处管制的犯罪分子,因不在监内执行,仅限制部分自由,没有必要适用假释。

不是真的释放

假释是附条件的提前释放的一种刑罚制度,假释犯在假释考验期限内必须遵守一定的条件。否则,就要撤销假释,收监执行。根据我国《刑法》第八十六条的规定,被假释的犯罪分子,在假释考验期限内再犯新罪或者发现其在判决宣告以前还有其他罪没有判决的,应当撤销假释,分别依照《刑法》第七十一条、第七十条的规定实行数罪并罚。

时间条件

假释只适用于已经执行一部分刑罚的犯罪分子。被判处有期徒刑或者无期徒刑的罪犯,还必须执行一部分刑罚,才能适用假释。这是因为,只有执行一定期间的刑罚,才能比较准确地判断犯罪分子是否认真遵守监规,接受教育改造,确有悔改表现,不致再危害社会,以保证假释的效果;也才能保持人民法院判决的稳定性和法律的严肃性。

(1)对判处有期徒刑的罪犯适用假释,执行原判刑期二分之一以上;

(2)被判处无期徒刑的犯罪分子,实际执行十三年以上;

(3)如果有特殊情况,经最高人民法院核准,可以不受上述执行刑期的限制。

假释的程序

对于犯罪分子的假释,由执行机关向中级以上人民法院提出假释建议书。人民法院应当组成合议庭进行审理,对符合法定假释条件的,裁定予以假释。非经法定程序不得假释。

对有期徒刑犯的假释,应当由罪犯所在的刑罚执行机构提出假释建议书,提请当地中级人民法院依法裁定。对无期徒刑犯的假释(包括原判死刑缓期执行已经减为无期徒刑的罪犯),应当由罪犯所在的刑罚执行机构提出假释建议书,报请本省、自治区、直辖市的司法厅(局)审查同意后,提请当地高级人民法院依法裁定。

人民法院根据刑罚执行机构提交的假释建议书,经合议庭审理,如犯罪分子确有悔改表现,并不致再危害社会,就依法作出假释裁定。

考验的期限

有期徒刑的假释考验期限，为没有执行完毕的刑期；
无期徒刑的假释考验期限为十年。

假释的执行实行社区矫正，但对犯罪分子决定假释时，应当考虑其假释后对所居住社区的影响。

对假释的犯罪分子，在假释考验期限内，依法实行社区矫正，如果没有《刑法》第八十六条规定的情形，假释考验期满，就认为原判刑罚已经执行完毕，并公开予以宣告。

假释考验期限，从假释之日起计算。

应当遵守的规定

被宣告假释的犯罪分子，应当遵守下列规定：
(1)遵守法律、行政法规、服从监督；
(2)按照监督机关的规定报告自己的活动情况；
(3)遵守监督机关关于会客的规定；
(4)离开所居住的市、县或者迁居，应当报经监督机关批准。

假释的撤销

被假释的犯罪分子，在假释考验期限内，有违反法律、行政法规或者国务院公安部门有关假释的监督管理规定的行为，尚未构成新的犯罪的，应当依照法定程序撤销假释，收监执行未执行完毕的刑罚。

我国刑法中假释的撤销事由具有以下三种情形：
(1)再犯新罪，并且对新罪没有任何限制。应当指出，再犯新罪表明假释犯不致再危害社会的条件已经消失，犯罪分子还具有一定的人身危险性，因而应当撤销假释。

（2）发现漏罪。在假释考验期间发现假释犯的漏罪，并且这种漏罪是犯罪分子有意隐瞒的，足以说明其并无悔改表现，也很难认为不致再危害社会，当然应当撤销假释。

（3）违法行为。这里的违法行为是指违反法律、行政法规或者国务院公安部门有关假释的监督管理规定，情节严重的行为。对此，应当依照法定程序撤销假释，收监执行未执行完毕的刑罚。

◎特赦

特赦，是国家对某些犯罪或者特定的犯罪人，免除其全部或者部分刑罚的制度。因此，特赦也可以通俗地理解为：特别的赦免、特殊的赦免、特定的赦免等等。

经特赦免除刑罚的犯罪分子，不论其刑罚已经执行一部分还是完全没有执行，都等同于刑罚已执行完。以后无论何时，都不能因为没有执行或没有执行完，而重新再次追诉。这其中也包括不能按审判监督程序重新再次追诉。

特赦令由国家主席发布。《宪法》规定，特赦令由中华人民共和国主席根据全国人民代表大会或全国人民代表大会常务委员会的决定发布。

特赦是指对国家特定的犯罪分子免去其刑罚的部分或全部的执行，只能消灭其刑，不能消灭其罪。

对于特赦的条件，我国宪法及法律没有进行具体规定，只是赋予了国家主席发布特赦令的权利。

中国现在只有特赦，没有大赦。

法律依据

1.《宪法》

新中国成立后，我国宪法法律中对特赦制度一直都有明确规定。

1949年9月颁布的《中华人民共和国中央人民政府组织法》第七条规定，中央人民政府委员会行使颁布国家的大赦令和特赦令的职权。

1954年宪法规定将大赦和特赦的决定权分别赋予全国人大和全国人大常委会，第二十七条第十二项规定全国人民代表大会行使大赦职权，第三十一条第十五项规定，全国人民代表大会常务委员会行使特赦职权。同时1954年宪法第四十条规定，中华人民共和国主席根据全国人民代表大会的决定和全国人民代表大会常务委员会的决定，发布大赦令和特赦令。

1975年宪法未对赦免制度作出规定。

1978年宪法和1982年宪法均规定了特赦。

现行宪法第六十七条第十七项的规定，全国人民代表大会常务委员会行使决定特赦的职权；根据第八十条规定，中华人民共和国主席根据全国人民代表大会的决定和全国人民代表大会常务委员会的决定发布特赦令。

2.《刑法》

我国1979年《刑法》和现行的1997年《刑法》在关于累犯构成条件的规定中，涉及了对特赦的规定。《刑法》第六十五条第一款规定："被判处有期徒刑以上刑罚的犯罪分子，刑罚执行完毕或者赦免以后，在五年以内再犯应当判处有期徒刑以上刑罚之罪的，是累犯，应当从重处罚，但是过失犯罪和不满十八周岁的人犯罪的除外。”《刑法》第六十六条规定：“危害国家安全犯罪、恐怖活动犯罪、黑社会性质的组织犯罪的犯罪分子，在刑罚执行完毕或者赦免以后，在任何时候再犯上述任一类罪的，都以累犯论处。”

3.《刑事诉讼法》

我国《刑事诉讼法》中也有涉及特赦的规定。根据刑事诉讼法第十六条第三项规定，经特赦令免除刑罚的，不追究刑事责任，已经追究的，应当撤销案件，或者不起诉，或者终止审理，或者宣告无罪。

4. 其他法律

《中华人民共和国引渡法》《中华人民共和国香港特别行政区基本法》《中华人民共和国澳门特别行政区基本法》中也有涉及特赦的规定。根据两部基本法的规定，香港特别行政区行政长官和澳门特别行政区行政长官行使赦免或减轻刑事罪犯的刑罚的职权。根据《引渡法》规定，外国向中华人民共和国提出的引渡请求，根据中华人民共和国或者请求国法律，在收到引渡请求时，由于被请求引渡人已被赦免，不应当追究被请求引渡人的刑事责任的，应当拒绝引渡。

特赦的意义

(1)为了新旧政权的和平过渡。对过去当权者或其助手的特赦令，过去的政府及其政治在一种新的体系下被看作是非法的，但为了保持国家的稳定和团结，对过去政府及其雇员的罪行实行特赦。柬埔寨(对“红色高棉”)、南非、智利等国家在近代对其过去的当权者施行过特赦。

(2)为了国家地区的稳定。为了使得一个地区或国家获得和平，而对所有非法武装组织成员或恐怖组织成员施行特赦令。在阿富汗、伊拉克等国家施行过这样的特赦令。

(3)为了重大庆祝活动。由于一定的庆祝活动而对部分(一般为罪行比较轻的)罪犯施行的特赦令,这样的庆祝活动有国王的生日、皇家婚礼、周年的国庆日等等,如中华人民共和国成立10周年时就曾对清朝废帝溥仪及部分国民革命军被俘将领施行特赦。

(4)为了法律的公平正义。由于法律的更改,过去按法律被判刑的人可能按新的法律成为无罪的人。在有些国家里这些人可以被特赦,在其他国家里也可能有其他的机构可以保证他们不必继续服刑。

(5)为了依法治国理念和人道主义精神。国家对特定的犯罪分子免除其刑罚的全部或部分的执行,是依宪治国、依宪执行理念的体现,是人道主义、法治文明意识的体现,化消极因素为积极因素,激发全民爱国热情,促进社会和谐。

抗战胜利70周年的特赦(2015年)

为纪念中国人民抗日战争暨世界反法西斯战争胜利70周年,2015年8月29日,全国人大常委会决定特赦四类罪犯。

一是参加过中国人民抗日战争、中国人民解放战争的服刑罪犯。对这类罪犯予以特赦,目的在于突出纪念中国人民抗日战争暨世界反法西斯战争胜利70周年的主题,体现本次特赦的历史意义。

二是中华人民共和国成立以后,参加过保卫国家主权、安全和领土完整对外作战的服刑罪犯,但几种严重犯罪的罪犯除外。符合上述条件的服刑罪犯曾经为维护国家主权、安全和领土完整作出过贡献的,符合本次特赦目的。草案规定对上述罪犯中犯贪污受贿犯罪,危害人民安全的严重暴力性犯罪,危害国家安全犯罪及涉恐、涉黑等有组织犯罪的主犯，以及累犯不予特赦。

三是年满75周岁、身体严重残疾且生活不能自理的服刑罪犯。对这类人员予以特赦，既符合中国的历史传统，也符合国际上通行的人道主义赦免原则。我国刑事立法和司法实践中已体现了对75周岁以上老年人犯罪予以从轻处罚的精神。

四是犯罪的时候不满18周岁，被判处三年以下有期徒刑或者剩余刑期在一年以下的服刑罪犯，但几种严重犯罪的罪犯除外。对这类罪犯予以特赦，体现了刑法对未成年人犯罪教育为主、惩罚为辅的精神，能够实现刑法的惩罚与教育相结合的目的。同时，考虑到人民群众的安全感，对他们中有故意杀人、强奸等严重暴力性犯罪、恐怖活动犯罪、贩卖毒品犯罪的罪犯，不予特赦。

新中国成立70周年的特赦(2019年)

为庆祝中华人民共和国成立70周年，2019年6月29日，全国人大常委会决定特赦九类罪犯。

一、参加过中国人民抗日战争、中国人民解放战争的；

二、中华人民共和国成立以后，参加过保卫国家主权、安全和领土完整对外作战的；

三、中华人民共和国成立以后，为国家重大工程建设做过较大贡献并获得省部级别以上"劳动模范""先进工作者""五一劳动奖章"等荣誉称号的；

四、曾系现役军人并获得个人一等功以上奖励的；

五、因防卫过当或者避险过当，被判处3年以下有期徒刑或者剩余刑期在1年以下的；

六、年满70周岁、身体严重残疾且生活不能自理的；

七、犯罪的时候不满18周岁，被判处3年以下有期徒刑或者剩余刑期一年以下的；

八、丧偶且有未成年子女或者有身体严重残疾、生活不能自理的子女，确需本人抚养的女性，被判处3年以下有期徒刑或者剩余刑期在一年以下的；

九、被裁定假释已执行五分之一以上假释考验期的，或者被判处管制的。

上述九类对象，具有以下情形之一，不得特赦：

(一)第二、三、四、七、八、九类对象中系贪污受贿犯罪，军人违反职责犯罪，故意杀人、强奸、抢劫、绑架、放火、爆炸、投放危险物质或者有组织的暴力性犯罪，黑社会性质的组织犯罪，贩卖毒品犯罪，危害国家安全犯罪，恐怖活动犯罪的罪犯，其他有组织犯罪的主犯，累犯的；

(二)第二、三、四、九类对象中剩余刑期在10年以上的和仍处于无期徒刑、死刑缓期执行期间的；

(三)曾经被特赦又因犯罪被判处刑罚的；

(四)不认罪悔改的；

(五)经评估具有现实社会危险性的。

新中国以往七次特赦

新中国自成立以来共有9次特赦，除上文提及的2次外，其他7次特赦分别为：

(1)第一次特赦(1959年)。1959年12月4日，最高人民法院遵照此前发布的特赦令，进行首次特赦。首次特赦共释放反革命罪犯和刑事罪犯12082名、战犯33名。被特赦的战犯中，最为著名的可能是伪满洲国皇帝爱新觉罗·溥仪，还有原属蒋介石集团的高级将领，如杜聿明、王耀武、郑庭笈、陈长捷、宋希濂等。其中杜聿明系辽沈战役、淮海战役国民党军队的实际总指挥，陈长捷系平津战役中国民党军队天津总指挥。

(2)第二次特赦(1960年)。1960年11月28日，中华人民共和国最高人民法院遵照特赦令释放了50名“确实改恶从善的战争罪犯”，包括原属蒋介石集团的战犯45名，其中范汉杰系锦州战役中国民党军队总指挥，李仙洲系莱芜战役中国民党军队总指挥。

(3)第三次特赦(1961年)。1961年12月25日，中华人民共和国最高人民法院遵照特赦令释放了68名“确实改恶从善的战争罪犯”，包括原属蒋介石集团的战犯61名，其中廖耀湘系辽沈战役中国民党军队辽西兵团总指挥。

(4)第四次特赦(1963年)。1963年4月9日，中华人民共和国最高人民法院遵照特赦令释放了35名“战争罪犯”。

(5)第五次特赦(1964年)。1964年12月28日，中华人民共和国最高人民法院遵照特赦令释放了53名“已经确实改恶从善的战争罪犯”。

(6)第六次特赦(1966年)。1966年4月16日，中华人民共和国最高人民法院遵照特赦令释放了57名“已经确实改恶从善的战争罪犯”。

(7)第七次特赦(1975年)。1975年3月19日，最高人民法院特赦释放全部在押的战争罪犯，这次特赦是没有任何前提条件的一次赦免。此前，毛泽东曾批示：“一个不杀”，“都放了算了，强迫人家改造也不好”。在具体政策和待遇方面特别交代：“放战犯的时候要开欢送会，请他们吃顿饭，多吃点鱼、肉，每人发100元零用钱，每人都有公民权。”

第四节　监狱外服刑

◉暂予监外执行

暂予监外执行，是指对被判处无期徒刑、有期徒刑或者拘役的罪犯，具有法律规定的某种特殊情况，不适宜在监狱或者拘役所等场所执行刑罚，暂时采取不予关押的一种变通执行的制度。

这是一种人道主义制度，体现惩罚罪犯与改造罪犯相结合的刑事政策，有利于对罪犯的教育、感化、挽救。

暂予监外执行期间，计入服刑期。

"暂予监外执行"，指的是"暂予"，具有临时性质、紧急性质、特殊性质，当该等情形消失时，"暂予监外执行"将被取消。

死刑不适用暂予监外执行。

适用的情形

被判处有期徒刑或拘役而有下列情况之一的罪犯：

(1)有严重疾病需要保外就医的；

(2)怀孕或者正在哺乳自己婴儿的妇女；

(3)生活不能自理，适用暂予监外执行不致危害社会的。

其中对于被判处无期徒刑的罪犯，有前款第二项规定情形的，可以暂予监外执行。

对于暂予监外执行的罪犯，由社区矫正机构负责执行。

对适用保外就医可能有社会危险性的罪犯，或者自伤自残的罪犯，不得保外就医。

对罪犯确有严重疾病，必须保外就医的，由省级人民政府指定的医院诊断并开具证明。

执行的程序

对具备暂予监外执行条件的罪犯，人民法院判决时，可直接决定。人民法院决定暂予监外执行的，应当制作《暂予监外执行决定书》，载明罪犯基本情况、判决确定的罪名和刑罚、决定暂予监外执行的原因、依据等内容。在判决、裁定执行过程中，对具备监外执行条件的罪犯，由监狱提出书面意见，报省、自治区、直辖市监狱管理机关批准。

对于暂予监外执行的罪犯，由居住地司法局执行，基层组织或者罪犯的原所在单位协助进行监督，执行机关应当对暂予监外执行的罪犯严格管理监督。对于服刑中决定暂予监外执行的罪犯，原执行机关应当将罪犯服刑改造的情况通报负责监外执行的司法局，以便有针对性地对罪犯进行管理监督：负责执行的司法局应当告知罪犯，在暂予监外执行期间必须接受监督改造并遵守有关的规定。

情形的消失

暂予监外执行的情形消失后，罪犯刑期未满的，应当及时收监。对于人民法院在作出判决、裁定的同时决定对罪犯暂予监外执行的，对该罪犯的收监，应当由负责执行的司法局通知人民法院将该罪犯依法交付执行。如果罪犯是在执行过程中被决定暂予监外执行的，负责执行的司法局应当通知监狱等执行机关收监。暂予监外执行过程中罪犯刑期届满的，应当由原关押监狱等执行机关办理释放手续。罪犯在暂予监外执行期间死亡的，负责执行的司法局应当及时通知原关押监狱或其他执行机关。

执行的终止

《中华人民共和国刑事诉讼法》第二百六十八条规定，对暂予监外执行的罪犯，有下列情形之一的，应当及时收监：

（一）发现不符合暂予监外执行条件的；

（二）严重违反有关暂予监外执行监督管理规定的；

（三）暂予监外执行的情形消失后，罪犯刑期未满的。

保外就医

保外就医是监外执行的一种。被判处无期徒刑、有期徒刑或拘役的罪犯因患有严重疾病，经有关机关批准取保在监外医治。

保外就医保障了监狱里的罪犯接受治疗的权利，是一种制度关怀，这也体现了对人的生命的尊重。

一般是两种情况：

（1）人民法院判决时发现罪犯患有严重疾病，不适宜在监狱或其他劳动改造场所内执行刑罚，直接决定保外就医；

（2）罪犯在劳动改造场所服刑期间，患有严重疾病、短期内有生命危险，或者患严重慢性疾病、在劳动改造场所长期治疗无效，经劳动改造机关批准，可以保外就医。

保外就医期间应计算在刑期之内。

如果罪犯病已痊愈，刑期未满，应收监继续执行剩余刑期；如果刑期已满，则按期释放。

适用条件

根据司法部、最高人民检察院、公安部关于印发《罪犯保外就医执行办法》的通知，已被判处无期徒刑、有期徒刑或者拘役的罪

犯,在改造期间有下列情形之一的,可准予保外就医:

(一)身患严重疾病,短期内有死亡危险的。

(二)原判无期徒刑和死刑缓期二年执行后减为无期徒刑的罪犯,从执行无期徒刑起服刑七年以上,或者原判有期徒刑的罪犯执行原判期限(已减刑的,按减刑后的刑期计算)三分之一以上(含减刑时间),患严重慢性疾病,长期医治无效的。但如果病情恶化有死亡危险、改造表现较好的,可以不受上述期限的限制。

(三)身体残疾、生活难以自理的。

(四)年老多病,已失去危害社会可能的。

不准保外就医

(一)被判处死刑缓期二年执行的罪犯在死刑缓期执行期间的;

(二)罪行严重,民愤很大的;

(三)为逃避惩罚在狱内自伤自残的。

对累犯、惯犯、反革命犯的保外就医,从严控制,对少年犯、老残犯、女犯的保外就医,适当放宽。

收监执行

保外就医罪犯有下列情形之一的,予以收监执行:

(一)骗取保外就医的;

(二)经治疗疾病痊愈或者病情基本好转可以收监的;

(三)以自伤、自残、欺骗等手段故意拖延保外就医时间的;

(四)办理保外就医后并不就医的;

(五)违反监督管理规定经教育不改的。

(六)重新违法犯罪的。

应当遵守的规定

在保外就医期间必须遵守下列规定：

（一）遵守国家法律、法规和公安部制定的有关规定；

（二）在指定的医院接受治疗；

（三）确因治疗、护理的特殊要求，需要转院或者离开所居住区域的，必须经公安机关批准；

（四）进行治疗疾病以外的社会活动必须经公安机关批准；

（五）遵守公安机关制定的具体监督管理措施。

适用病症

正在服刑的罪犯有下列病残情况之一，且符合其他规定条件者，可准予保外就医：

（一）经精神专科医院（按地区指定的司法鉴定医院）司法鉴定确诊的经常发作的各种精神病，如精神分裂症、躁狂忧郁症、同期性精神病。

（二）各种器质性心脏病（风湿性心脏病、冠状动脉粥样硬化性心脏病、高血压性心脏病、心肌病、心包炎、肺源性心脏病、先天性心脏病等），心脏功能在三级以上。

器质性心脏病所致的心律失常，如多发性多源性期前收缩、心房纤颤、二度以上的房室传导阻滞等。

心肌梗死经治疗后，仍有严重的冠状动脉供血不足改变或并发症者。

（三）高血压病Ⅲ期。

（四）空洞肺结核、反复咯血，经两个疗程治疗不愈者，支气管扩张、反复咯血且合并肺感染者。

患有肺胸膜性疾病,同时存在严重呼吸功能障碍者,如渗出性胸膜炎、脓胸、外伤性血气胸、弥漫性肺间质纤维化等。

(五)各种肝硬变所致的失代偿期,如门静脉性肝硬变、坏死后肝硬变、胆汁性肝硬变、心源性肝硬变、血吸虫性肝硬变等。

(六)各种慢性肾脏疾病引起的肾功能不全,经治疗不能恢复者,如慢性肾小球肾炎、慢性肾盂肾炎、双侧肾结核、肾小动脉硬化等。

(七)脑血管疾病、颅内器质疾病所致的肢体瘫痪、明显语言障碍或视力障碍等,经治疗不愈者。

脑血管疾病,如脑出血、脑血栓形成、蛛网膜下腔出血、脑栓塞等。

颅内器质疾病,如颅内肿瘤、脑脓肿、森林脑炎、续集性脑膜炎、化脓性脑膜炎、严重颅脑外伤等。

(八)各种脊髓疾病及周围神经所致的肢体瘫痪、大小便失禁、生活不能自理者。

各种脊髓疾病,如脊髓炎、高位脊髓空洞症、脊髓压迫症、运动神经元疾病。

周围神经疾病,如多发性神经炎、周围神经损伤、治疗无效、生活不能自理者。

(九)癫痫频繁大发作,伴有精神障碍者。

(十)糖尿病合并心、脑、肾病变或严重继发感染者。

(十一)胶原性疾病造成心脏功能障碍,治疗无效者,如系统性红斑狼疮、皮肌炎、结节性多发动脉炎等。

(十二)内分泌腺疾病,难以治愈者,达到丧失劳动能力者,如脑垂体瘤、肢端肥大证、尿崩证、柯兴氏综合征、原发性醛固酮增多证、嗜铬细胞瘤、甲状腺功能亢进、甲状腺机能减退、甲状旁腺机能亢进、甲状旁腺机能减退证。

（十三）白血病、再生障碍性贫血者。

（十四）寄生虫病侵犯肺、脑、肝等重要器官，造成继发性损害，生活不能自理者。寄生虫病包括囊虫病、肺吸虫病、中华分枝睾吸虫病、丝虫病、血吸虫病等。

（十五）心、肝等重要脏器损伤或遗有严重功能障碍，各种重要脏器手术治疗后，遗有严重功能障碍、丧失劳动能力者。

（十六）消化器官及其腹部手术后有严重并发症，如重度粘连性肠梗阻，反复发作，不宜治愈者。

（十七）肺、肾、肾上腺等器官一侧切除，对侧仍有病变或有明显功能障碍者。

（十八）严重骨盆骨折合并尿道损伤，经治后在骨关节遗有运动功能障碍，或遗有尿道狭窄和尿路感染久治不愈者。

（十九）脑、脊髓外伤治疗后痴呆、失语（包括严重语言不清），截瘫或一个肢体功能丧失、大小便不能控制、功能难以恢复者。

（二十）双上肢、双下肢、一个上肢和一个下肢因伤、病截肢或失去功能，不能恢复者。

截肢指上肢在腕关节以上，下肢踝关节以上。

失去功能指肢体强直、畸形、肌肉萎缩、上肢必须达到手不能提物，下肢必须达到足不能持重。

（二十一）双手完全失去功能或伤病致双手手指缺损六个手指以上者。且六个缺损的手指中有半数以上在指掌关节处离断，必须包括双拇指全失。

（二十二）两个以上主要关节（指肩、膝、肘髋）因伤病发生强直奇形，经治疗不见好转、相当于双下肢或双上肢或一个上肢和一个下肢丧失功能的程度，脊柱功能完全丧失者。

（二十三）各种恶性肿瘤经过治疗不见好转者。

（二十四）其他各类肿瘤，严重影响肌体功能而不能进行彻底治疗，或者全身状态不佳、肿瘤过大、肿瘤和主要脏器有严重粘连等原因而不能手术治疗或有严重后遗症。

其他各类肿瘤系指各种良笥肿瘤或者暂时难以确定性质的肿瘤。

不能进行彻底治疗的甲状腺瘤、胸腺瘤、支气管囊肿、纵隔肿瘤等肿瘤压迫推移脏器，影响呼吸循环功能者。

严重的后遗症和癫痫、偏瘫、截瘫、胃瘘、尿瘘等等。

（二十五）伤病后所致的双目失明或接近失明（指两眼视力均一米内指数）。内耳伤、病所致的平衡失调，经治疗不能恢复者。

（二十六）上下颌伤、病经治疗后有语言不清、严重咀嚼障碍，两者同时存在者。

（二十七）经专科防治机构（省、市职业病防治院所）确定的二、三期矽肺、煤矽肺、石棉肺；各种职业性中毒性肺病及其他职业病治疗后，遗有肢体瘫痪、癫痫、失语、痴呆、失明、精神病等，职业性放射线病所致主要脏器有严重损伤者。

职业性中毒，系指在生产条件下，接触工农业毒物而引起的一种职业性疾病。

（二十八）同时患有两种（含两种）以上疾病，其中一种病情必须接近上述各项疾病程度。

（二十九）艾滋病毒反应阳性者。

（三十）其他需要保外就医的疾病。

劳德容案件

劳德容，女，原深圳市政府能源办公室主任、党组书记，同时兼任深圳市能源集团公司董事长。

在劳德容的带领下,深能源集团从零起步,用10年时间,每年以20%的速度递增,发展到150亿元总资产,82亿元净资产,47亿元销售额,12亿元净利润,历年上缴国家税收总量累计28亿元。

2002年9月28日,深圳市纪委以涉嫌以权谋私,将劳德容“双规”。

10天后,深圳市人民检察院以涉嫌挪用公款,对劳德容立案侦查。

经查,1994年至2002年间,劳德容利用其任深圳市能源总公司总经理、深圳市能源集团有限公司董事长兼总经理、深圳市西部电力有限公司董事长的职务便利,在工程承包、项目转让和计划外煤炭采购等业务过程中为他人谋取利益,并非法收受他人的巨额钱款,合计人民币778万多元、港币50万元、美元13.9万元,被外界媒体称为“广东第一女贪”。

2003年12月26日,深圳市中级人民法院作出一审判决,劳德容因受贿、挪用公款、滥用职权、巨额财产来源不明四罪并罚,被判处无期徒刑。

法院审理后认为:公诉机关指控的四项罪名成立。但劳德容在纪检部门审查期间如实交代了上述罪行,依法应当以自首论。

请注意:

(1)劳德容是因经济问题而被纪委先行“双规”的。也就是说,纪委在“双规”她之前,已经发现了其“经济问题”,并非在纪委没有发现其问题时自己“走上门去的”,也就是“被动的”,而不是“主动的”。

(2)劳德容在纪委时,交代了自己的犯罪问题;但10天后,纪委就将案件移送了检察机关。纪委仅调查了10天时间就将案件移送，说明纪委对其情况早已掌握得比较充分、确凿。

(3)尽管劳德容被“双规”时，纪委已经掌握了“情况”，但法院判决时仍然认定劳德容的行为是自首。说明“纪委”掌握情况还不是“司法机关”掌握情况，只要在“司法机关”未掌握情况时如实供述，还是可以认定为自首的。

(4)劳德容是一个在广东乃至全国有影响的人物，她的案件也一定会引起高层司法当局的关注。对于她的案件的裁判，应当有一定级别的司法当局的认可，因此，也具有相当的指导作用。

唐志华案件

唐志华，男，原系上海宝强实为有限公司法定代表人。检察机关指控：唐志华在与客户交易过程中，通过增设交易环节、多付货款等手段，侵吞公司资产，涉嫌贪污罪等。法院一审判决唐志华贪污罪等罪名成立。唐志华等不服提起上诉，二审法院经审理后维持原判。

在本案中，有部分犯罪分子在纪委要求交代问题时，如实作了交代，被一审、二审法院认定为自首。

法院的判决文书表述为：

> 邵先初、张勇、张龙海、刘恺恺……在侦查机关未采取强制措施前就向纪律检查机关如实交代了自己的犯罪事实，应视为自首。

在这里，请注意：

(1)此案也是强调：只要在“司法机关”尚未采取强制措施之前讲清问题，就可以认定为自首，而不管纪委是否已经“掌握”了该犯罪分子的问题。其“时间点”划在“司法机关掌握之前”。

（2）此案一审系上海市第一中级人民法院，二审系上海市高级人民法院。此案除对上海本地具有指导作用外，对其他兄弟省市也有一定的参考作用。

（3）此案本身不是一个大案、要案，在社会上也没有影响力，只是普普通通的一个刑事案件而已。但笔者之所以要将此案独立出来，更是因为这个案例被列入《最高人民法院公报》。

《最高人民法院公报》是最高法院主办的刊物，国内外公开发行，对各地法院具有指导、引领作用。我国虽然不是“判例法”国家，但这种形式，明显地、客观地具有“判例作用”。这种对自首认定的表述，显然代表了审判最高层的意见。

第五章 身陷囹圄：也有合法权益

第一节 你有你的权利

◉基本权利

当你受到侦查机关传讯时，侦查机关一般会首先告知你你有哪些权利，这也相当于国外的“米兰达警告”。为了防止忘记告知或告知不全面，现在侦查机关一般在笔录纸的第一页专门印有这些权利，并会在笔录开始时让你阅读这些权利，即使笔录前没有让你阅读，在做完笔录让你签字时，也肯定会让你承诺已经阅读过此等权利。

用本民族语言文字进行诉讼权

第一，这里的“诉讼”包括但不限于用本民族的语言文字回答警察、检察官的问题。这主要涉及一些少数民族的人员，也涉及应当可以聘请翻译的问题。

第二，这里的“诉讼”，也包括开庭时，你有权用自己民族的语言文字；同时，你也有权要求法院配备相关翻译，法院一般也会为你配备翻译。

第三，关于语言文字、翻译等规定，也适用于外国人。

第四，翻译应当具有资质。不论是你自己聘请的翻译，还是法院为你配备的翻译,都应当具有相应的翻译资质。这既是为了保证诉讼质量,更是为了保障当事人的合法权利。

曾经出过这样的大笑话:南非前总统曼德拉去世时,各国政要前往吊唁,美国总统奥巴马发表了重要演说。这样盛大而庄重且全世界瞩目的场面,在全世界进行了电视直播,并配有手语翻译。事后,人们发现这“手语翻译”其实根本不懂手语,其电视直播时的手势全是瞎比画,将全世界人民戏弄了一番。

申请回避权

对于侦查人员、鉴定人、记录人、翻译人员有下列情形之一的,有权申请他们回避:

(一)是本案的当事人或者是当事人的近亲属的;

(二)本人或者他的近亲属和本案有利害关系的;

(三)担任过本案的证人、鉴定人、辩护人、诉讼代理人的;

(四)与本案当事人有其他关系,可能影响公正处理案件的。

对于驳回申请回避的决定,可以申请复议一次。

自我辩护权

犯罪嫌疑人在接受公安机关讯问时有权为自己辩解。这里需要注意的是,“辩解”不是“不认罪”。法律赋予犯罪嫌疑人自我辩护的权利,允许其对警察、检察官的指控进行辩解。

这主要表现在:犯罪事实是否存在;犯罪行为是否是你所为;你在犯罪行为中的作用地位;对所指控罪名是否存在异议;有无从轻、减轻的情节;等等。

聘请律师权

上述讲的是犯罪嫌疑人“自我辩护”的权利,这里讲的是犯罪嫌疑人聘请律师为自己辩护的权利。因为犯罪嫌疑人自身可能不是法律人员,不熟悉法律规则,而律师是法律的专业人员。对律师的聘请权是犯罪嫌疑人一项十分重要的权利。

无关问题拒答权

对于侦查人员的提问,应当如实回答。但是与本案无关的问题,有拒绝回答的权利。这条是最有争议的。一方面,法律在强调沉默权,也即可以沉默、不回答提问,另一方面,法律又规定“应当如实回答”。这只能具体问题你自己具体掌握了。但对于“与本案无关的问题有权拒绝回答”是比较明确的,与案件无关的问题可以不回答。但有些问题与案件是否有关,认识标准或尺度是不一样的。比如说你认为这个问题与案件无关,所以你拒绝回答;但警察说这个问题与案件有关,你必须回答。这就会出现矛盾。笔者观点:沉默权已经依稀可见,作为法律原则规定下来是迟早的事;再者,对于警察的提问选择不回答也不会产生严重的法律后果。

笔录核对权

对于讯问,侦查人员应当制作笔录。在讯问结束时犯罪嫌疑人签字前,应当让犯罪嫌疑人仔细阅读该笔录;如果犯罪嫌疑人没有阅读能力,侦查人员应当向其宣读;如果讯问笔录记载有遗漏或者差错,可以提出补充或者改正。也就是说,对笔录中记载有错误的地方,你有权修正过来;对多记录的、不是你所讲的内容,有权删除;对你所讲的内容但笔录没有记录进去的,你有权要求添加进去。

对讯问笔录、勘验检查笔录、搜查笔录、扣押物品、文件清单以及送达的各种法律文书确认无误后，应当签名或者盖章。

合理休息权

出于侦查需要，在案发当初有可能侦查机关要对犯罪嫌疑人进行多次的或长时间的讯问，以获取更多的信息，侦破全案。但这是矛盾的两个方面：对于侦查机关来说，犯罪嫌疑人说的信息越多，侦破案件的效率就越高；但对于犯罪嫌疑人来说，被讯问的时间越短、越少，其休息的时间就越多。

那么到底讯问多长时间后，必须让犯罪嫌疑人休息呢？

法律没有如此明确的规定。这可能有两个原因：一是法律无法细到如此程度；二是立法机关也难以规定多长时间后休息。

笔者以为，“合理的休息时间”，即至少应当在每天有几个小时的休息时间。当然，初次讯问跟此后的讯问应当有所区别。比如说，初次讯问的时间不得连续超过12小时；自第二次讯问开始，连续讯问的时间不得超过6个小时；又比如说，被羁押后第一天的休息时间不得少于4小时，第二天开始不得少于6小时；等等。

但不管有无规定，目前我国对于人权的尊重与保护已经提到一个重要的高度。像连续48小时不让休息这样的做法，肯定不属于“合理的休息时间”。

搜查的限制权

公民的人身与住宅不受非法搜查。“不受非法搜查”并不等于“不能搜查”，只是说未经法定程序批准不准进行搜查。那么要进行搜查，需要哪些法定程序？

搜查证。对于公民的人身、住宅进行搜查，必须取得搜查证，没有搜查证是不允许进行搜查的。而搜查证的签发，是有条件的。

一般的搜查

为了收集犯罪证据、查获犯罪人，侦查人员可以对犯罪嫌疑人以及可能隐藏罪犯或者犯罪证据的人的身体、物品、住处和其他有关的地方进行搜查。

任何单位和个人，有义务按照人民检察院和公安机关的要求，交出可以证明犯罪嫌疑人有罪或者无罪的物证、书证、视听资料等证据。

进行搜查，必须向被搜查人出示搜查证。

在搜查的时候，应当有被搜查人或者他的家属，邻居或者其他见证人在场。

特殊的搜查

(1)进行搜查的时候，一般要求向被搜查人出示搜查证。

但是，在执行逮捕、拘留的时候，遇有紧急情况，没有搜查证也可以进行搜查。

(2)搜查妇女的身体，应当由女性工作人员进行。

但是，反过来，搜查男性身体时，法律并没有规定一定要男性工作人员进行。

搜查的情况应当写成笔录，由侦查人员和被搜查人或者他的家属、邻居或者其他见证人签名或者盖章。如果被搜查人或者他的家属在逃或者拒绝签名、盖章，应当在笔录上注明。

检查的限制权

侦查人员对于与犯罪有关的场所、物品、人身、尸体应当进行勘验或者检查。在必要的时候，可以指派或者聘请具有专门知识的人，在侦查人员的主持下进行勘验、检查。

任何单位和个人，都有义务保护犯罪现场，并且立即通知公安机关派员勘验。

侦查人员执行勘验、检查，必须持有人民检察院或者公安机关的证明文件。

一般的检查

为了确定被害人、犯罪嫌疑人的某些特征、伤害情况或者生理状态，可以对人身进行检查，提取指纹信息，采集血液、尿液等生物样本。

特殊的检查

(1)犯罪嫌疑人如果拒绝检查，侦查人员认为必要的时候，可以强制检查。

(2)这里也一样，对妇女身体的检查要由女性工作人员进行。但是，如果检查者是“医师”，则不要求是女性医师，男性医师也可以。这主要从医师的职业操守角度去考虑。同时，对男性身体的检查，则没有要求一定要是男性工作人员。

检查的情况应当写成笔录，由参加检查的人和见证人签名或者盖章。

划扣的限制权

查封、扣押一般的物品

在侦查活动中发现的可用以证明犯罪嫌疑人有罪或者无罪的各种财物、文件，应当查封、扣押；当然，与案件无关的财物、文件，不得查封、扣押。

对于查封、扣押的财物、文件，要妥善保管或者封存，不得使用、调换或者损毁。

对于查封、扣押的财物、文件，应当会同在场见证人和被查封、扣押财物、文件持有人查点清楚，当场开列清单一式两份，由侦查人员、见证人和持有人签名或者盖章，一份交给持有人，另一份附卷备查。

查封、扣押邮件、电报

侦查人员认为需要扣押犯罪嫌疑人的邮件、电报的时候，经公安机关或者人民检察院批准，即可通知邮电机关将有关的邮件、电报检交扣押。

不需要继续扣押的时候，应立即通知邮电机关。

查询、冻结资金等账户

人民检察院、公安机关根据侦查犯罪的需要，可以依照规定查询、冻结犯罪嫌疑人的存款、汇款、债券、股票、基金份额等财产。有关单位和个人应当配合。

公安机关、检察机关的权限为查封、冻结，不具有划扣的权力；法院可以根据生效裁判进行划扣。

解剖时家属在场权

对于死因不明的尸体，公安机关有权决定解剖，并且通知死者家属到场。

这里需要说明的是，有许多家属以为“解剖权”属于家属，只有家属同意才可以解剖。其实不然。解剖权属于公安，但公安有义务通知死者家属到场。家属有“在场权”。这种在场权，也可以理解为对解剖工作的一种监督。

违法措施解除权

犯罪嫌疑人及其法定代理人、近亲属、聘请的律师对于采取强制措施超过法定期限的，有权要求解除强制措施。法律对每种强制措施的期限是有规定的，不得超期。其中：拘留最长时间为30天，逮捕一般为2个月，监视居住最长时间为6个月，取保候审最长时间为12个月。

对不法侵害的控告权

对于公安、检察机关及侦查人员侵犯犯罪嫌疑人诉讼权利和人身侮辱的行为，有权提出控告。这里当然也包括人身权利遭受侵害的问题。“人身侮辱”一般是指对女性人员，也指对不同宗教信仰的人员。

◉你有权保持沉默

“米兰达规则”

1963年3月2日晚上，美国亚利桑那州发生了一起强奸案。该州的菲尼克斯大剧院一名18岁女服务员芭芭拉在下班后去乘公交车的路上，被一个男人强行塞进了一辆小车。这个男人捆绑了芭芭拉，把她劫持到城郊一块空地，对她实施了强奸。事后，这个男人将芭芭拉扔在郊外，独自驾车逃走。

芭芭拉在歹徒离开后，选择了报警。警方根据芭芭拉的描述，展开侦查。不久，就将犯罪嫌疑人米兰达拘捕归案。

在警局，警方将米兰达混杂在众多嫌疑人中，组织了芭芭拉在内的数名被害女性进行辨认。米兰达被两名妇女指认出来。一名妇女指认他就是1962年11月持刀抢劫她的那个人；芭芭拉则指认他就是那个强奸犯。

警方告知了米兰达他已被两名被害女性指认的事实。米兰达也亲笔书写了供词，交代了作案过程，承认了作案事实。

嗣后，米兰达被控犯有抢劫罪、绑架罪和强奸罪行。

在警方侦查的过程中，米兰达没有聘请律师。

在法院的审判时，法院为其指定了辩护律师。

但米兰达的律师很快发现问题并提出抗议：米兰达在承认作案事实之前，警方没有告知其应有权利，如有权保持沉默、有权要求聘请律师在场。

警方承认辩护律师的发现，但认为米兰达当时已经知晓自己的权利。

法院采信了警方的意见。在律师提出反对意见后，主持审判的法官仍采信米兰达的供述可以作为认定犯罪的证据。陪审团进行了五个多小时的评议后，宣告米兰达有罪。

米兰达不服，向亚利桑那州最高法院提出上诉。他认为当时自己并不知晓自己的权利。如果知道有沉默权，自己是不会主动供述罪行的；如果知道自己有权聘请律师，在自己的律师到场之前是不会讲话的。但上诉遭到州最高法院驳回。

米兰达还是不服，向美国联邦最高法院提起上诉。

1966年6月，美国最高法院推翻了原州法院对米兰达的有罪判决。

最高法院首席大法官沃伦在说明推翻该案原判决的理由时说——不能强迫某个人把他自己牵连进刑事案件。米兰达在警局第一次对他进行讯问时就必须享有正当的程序权利，这些程序性的保障措施（权利）包括：

1. 在提出任何问题之前，该嫌疑人必须被告知：

（1）他有权保持沉默；

（2）他的任何陈述都可能用来反对他；

(3)他有权在接受讯问时要求律师在场,无论该律师是私人聘请还是法官指定的。

2. 该嫌疑人对上述告知列举之权利的任何放弃都必须作出“明知且明智”的表示,同时也必须是自愿的;

3. 如果该嫌疑人在审讯的任何阶段上“以任何方式表示”要求律师在场的意愿,该讯问就必须立即中止,直到获得一位律师之时;

4. 如果该嫌疑人“以任何方式表示他不愿意接受讯问”,讯问就不得开始,如果已经开始应该停止(哪怕该犯罪人已经给出了归罪信息),并一直等到该嫌疑人已向律师咨询并同意接受进一步的审讯。

警方在警局拘留米兰达的时候对他进行了第一次讯问,米兰达在未被告知享有辩护权利,又没有辩护律师的帮助的情况下所作的供述,不能作为认定犯罪的证据。

这就是著名的“米兰达规则”,也称“米兰达警告”。

你有权保持沉默

米兰达规则直接规范了司法人员在对被拘捕犯罪嫌疑人进行讯问时的职权行为,它的全部内容是对犯罪嫌疑人、被告人的忠告,也是对每个警员的“忠告”。早年我们在观看香港的警匪片时,经常可以见到警察对被捕的犯罪嫌疑人不厌其烦地重复下列台词——你有权保持沉默,但你所说的一切将被用作呈堂证供。

中国已经加入联合国《公民权利和政治权利国际公约》

1966年12月16日第21届联合国大会通过了《公民权利和政治权利国际公约》。该公约中第十四条规定:“任何人不被强迫作不利于自己的证言或强迫承认犯罪。”

1998年10月我国正式签署了《公民权利和政治权利国际公约》，并且没有保留[①]该条约中关于沉默权的条款，这表明我国接受了此条款。

现行《刑事诉讼法》半开沉默权之门

2012年3月14日第十一届全国人民代表大会第五次会议通过修正的新《刑事诉讼法》将第四十三条改为第五十条，修改为："审判人员、检察人员、侦查人员必须依照法定程序，收集能够证实犯罪嫌疑人、被告人有罪或者无罪、犯罪情节轻重的各种证据。严禁刑讯逼供和以威胁、引诱、欺骗以及其他方法收集证据，不得强迫任何人证实自己有罪。"

其中不得强迫自证其罪的规定首次写入刑诉法，引起社会广泛关注，该条文明确禁止审判人员、检察人员、侦查人员采用暴力、威胁等强制性手段致使被指控人违背自身意志作出有罪供述，而且把非法取得口供排除出法院定罪依据之列，这是沉默权原则的应有之义，无疑是对沉默权原则的承认与肯定。

但能否将此规定理解为我国已经确立彻底的沉默权制度呢？中国政法大学樊崇义教授认为："这是一种延伸的理解，更是一种推论。修正案中并没有规定沉默权，不得强迫自证其罪不等于就有了沉默权的规定。"根据我国新刑诉法，犯罪嫌疑人、被告人的口供是法定证据之一。我国反对违背法定程序，采用暴力、胁迫等强制性手段强迫被追诉人作出有罪陈述，但不是无视口供的重要作用，如果自愿证实自己有罪，对自己的犯罪事实坦白，那么就是允

---

① 条约的保留：一个国家在参加或批准加入国际条约时，单方面声明排除某些条款对本国适用的法律行为。

许的。所谓“默认”只是一种理解，众所周知，法律作为刚性的行为规范，其标准是要给出“明示”，既然没有明确规定，就不能说“默认”了沉默权。

同时，我国《刑事诉讼法》第一百二十条规定：“犯罪嫌疑人对侦查人员的提问，应当如实回答。但是对与本案无关的问题，有拒绝回答的权利。”对于这一规定，很多人认为刑诉法一方面规定不得强迫自证其罪，但另一方面又要规定犯罪嫌疑人如实回答，这两条规定之间存在冲突矛盾。笔者认为这就是“中国特色”：恰如其分地表明了我国新刑诉法对于沉默权的态度，即我国现今确立的是有限制的沉默权制度。若说中国没有沉默权，该条文即是“有”的明证；若说有，没有像“无罪推定”那样作为原则单列出来，似乎还是“没有”。

所以笔者以为，现阶段在中国，对于沉默权之门，只能说是“半开”。

“零口供”已经步入司法殿堂

我国《刑事诉讼法》中有这样的条款：“对一切案件的判处都要重证据，重调查研究，不轻信口供。只有被告人供述，没有其他证据的，不能认定被告人有罪和处以刑罚；没有被告人供述，证据确实、充分的，可以认定被告人有罪和处以刑罚。”“零口供”的出现很好地体现了这一法律的精义，并补充了它的内容。

所谓“零口供”，就是司法机关的办案不依赖于口供，而着重依赖其他证据。因为口供具有双面性，必然其中也有不真实、不科学的成分。司法机关办案要求做到：即使犯罪嫌疑人、被告人没有口供，即“零口供”，也能通过其他证据对案件进行定性定量。

这也从另一方面表示了对沉默权的认可。通俗地讲，司法机关对于犯罪嫌疑人、被告人的口供不抱希望：口供有则更好，没有也无所谓。司法机关已经做好了案件没有口供，也即“零口供”的准备。这为犯罪嫌疑、被告人享有沉默权开了一个很大的口子。

既然有沉默权，那面对讯问是否可以不回答？

沉默权的基本含义，就是面对警察、检察官的问话，你可以不回答，也即保持沉默，这是你的权利。没有人有权要求你，更不可能强迫你必须“说话”。尽管我国在法律原则上没有如此明确的规定——你有沉默权，但在法律的字里行间已经渗透出沉默权的基本意思。故，面对警察、检察官的讯问，你选择不说话，也是可以的，没有人敢逼迫你。

但任何事物均有两面性。正像有些人经常问律师：对方无缘无故向法院提起民事诉讼告我，我可不可以不去法院应诉？我不理它行不行？既然是权利，那当然可以放弃——你可以、你有权不去法院应诉，不理它。但你想过没有：如果你不去法院应诉，你的声音、你的意见，法院就无法听到；如果法院只听到你的对立面的声音，可能就会“偏听偏信”。古人云：“兼听则明，偏信则暗。”因此，笔者的意见是：如果你有正当的理由，为何不告诉警察、检察官呢？让作为第三方、中立者的他们，全面了解事实真相不是更好吗？所以，不让警察、检察官听到你的声音，不见得完全是件好事。

◉我要见我的律师

如何聘请律师

聘请时间

第一，犯罪嫌疑人在接受第一次讯问后。

"第一次讯问",是指刑事案件已经成立,你已经被列为"犯罪嫌疑人",在这样的情况下,警察或检察官对你问话就叫作"讯问"。如果刑事案件尚未成立,你也没有被列为犯罪嫌疑人,这个时候警察或检察官对你问话不能叫作"讯问",而是"询问"。同时,可以从警察或检察官给你做的笔录"抬头"中分析出你自己所处的"地位"。

请注意,这时讲的是"第一次讯问后",并非"第一次讯问时",更不是"第一次讯问前"。换句话说,"初次"的权利属于警察或检察官,律师只有在他们"第一次讯问"之后才能介入。

第二,被采取强制措施之日起。

警察或检察官的一般性调查、问话,或传唤你到公安、检察院去"说说清楚",那还不属于"强制措施"。法律对于"强制措施"是有明确规定的,我国法律规定的"强制措施"总共有5种:拘传;取保候审;监视居住;拘留;逮捕。

此时可以聘请律师提供法律咨询、代理申诉、控告,聘请的律师还可以为其申请取保候审。

聘请数量

可以聘请一至两名律师担任辩护人。

当然,在不同的诉讼阶段,可以更换律师,但同时担任辩护律师的人数至多只能是两名。

只能聘请中国律师

法律是国家主权的重要象征。世界上通行的做法是,在本国进行诉讼,均要且只能聘请本国的律师。何为"本国的律师"?就是经过本国的考核、在本国注册的律师。如果诉讼发生在中国大陆,当事人只能聘请中国大陆的注册律师为其辩护。

谁有权聘请律师

第一,犯罪嫌疑人本人。本人聘请是最直接的,也是最具效力的。在司法实践中,委托的主体还会是其他主体,如被告人、上诉人、申诉人等,为了方便表述(下同),统称为“犯罪嫌疑人”。

第二,犯罪嫌疑人的近亲属。“近亲属”是指配偶、父母、子女、兄弟姐妹。但这里有权聘请律师的“子女”要求是“成年子女”,因未成年子女涉及其权利能否行使的问题。

以前的法律或司法解释还相对宽泛些,犯罪嫌疑人的近亲属或亲属均有权委托律师,即只要是犯罪嫌疑人的“亲属”便可委托律师。而现行法律将之限定为“近亲属”。

这里也存在问题:犯罪嫌疑人如果没有“近亲属”怎么办?这是完全有可能的。如果一个犯罪嫌疑人没有配偶,也没有成年子女,而父母也已亡故,在这样的情况下,就不存在“近亲属”了。如果该犯罪嫌疑人被限制人身自由时,其一般的亲属又无权委托律师,此时该犯罪嫌疑人的合法权利可能就得不到有效的保护。

第三,当本人与近亲属的意见相左时,以本人的意见为最终意见。尽管法律规定近亲属同样有权为犯罪嫌疑人聘请律师,这也是法律的授权,但这种权利毕竟源于犯罪嫌疑人本人,这种权利因犯罪嫌疑人而衍生,故当近亲属与犯罪嫌疑人的意见相左时,应当以犯罪嫌疑人的意见为准。这种意见相左,体现在聘请律师问题上,如请与不请、请此人与他人、请一名或两名等。

第四,解除委托还需原委托人。实践中经常会遇到当事人更换律师的情况。这里要讲一个原则,就是“解铃还须系铃人”,解除对被更换律师的委托还是要由原委托人签字解除。因为在实践中,犯罪嫌疑人可能存在多个近亲属,而近亲属之间意见不一致。在这种情况下,更换律师的操作,不能凭近亲属的身份、辈分等来决定,不能用一名近亲属的委托来解除另一名近亲属的委托,因为在法律上近亲属的权利是不一样的。

如何聘请律师?

委托人与律师事务所要签署两类文件:

第一,委托书。委托律师担任犯罪嫌疑人的辩护律师。此委托书要递给公安、检察、法院等办案部门,故一般要数份。

第二,协议书。委托人与律师事务所之间签署的关于双方权利义务方面的内容,其中包括律师费用问题。律师费用系委托人与律师事务所协商确定。

聘请律师需委托人持有效身份证件办理。这种有效的身份证件,一般指居民身份证等,用于证明委托人的身份。当然,从更严格的角度,最好还能证明委托人与犯罪嫌疑人的关系,但这在司法实践中一般不作要求。

律师能做些什么?

"出事"以后,想到的自然是请律师。请了律师以后,经过律师一段时间的工作,有人认为律师的作用很大,但也有人认为律师的作用并不大:律师并没有按照当事人的意愿去工作。这里,存在一个偏差与认识误区的问题。

有不少当事人认为:我花了钱请你当律师,你就要听从我的安排、按照我的指示去做工作。其实,这是比较简单的想法。律师是可以帮当事人做事,但并不是什么事情都能做;有许多事情,律师是没法帮你去做的,比如串供、伪造证据、贿赂司法人员等。

那么,律师到底能做什么?

《刑事诉讼法》第三十七条规定:"辩护人的责任是根据事实和法律,提出犯罪嫌疑人、被告人无罪、罪轻或者减轻、免除其刑事责任的材料和意见，维护犯罪嫌疑人、被告人的诉讼权利和其他合法权益。”这是一个总的宗旨。具体来说，律师应当有下列工作可以做。

与侦查机关沟通

如果涉嫌贿赂犯罪，极有可能被侦查机关采取强制措施，如拘留、逮捕。这个时候被采取强制措施的人就属于犯罪嫌疑人了。犯罪嫌疑人是要被羁押到看守所去，被限制人身自由的，也无法与外界联系，其家人也无法进行探视。这种情况往往是比较突然的，实践中有许多家人根本不知道其亲属到底因何事而犯案，也搞不清楚是什么司法机关在立案侦查；而且，有许多犯罪嫌疑人的亲属，因文化、职业等，无法有效地与司法机关沟通。

(1)向侦查机关了解涉嫌的罪名。“你们将我的当事人抓了起来，他(她)到底涉嫌了什么犯罪：行贿，受贿，或其他犯罪？”这好让亲属心里有底，有思想准备，也便于律师向其他亲属介绍、分析案情，预估事件的严重性，为下步是否需要退赃等做准备。

(2)向侦查机关了解案件情况。这在以前是不可能的，因为旧的《刑事诉讼法》规定律师只能向侦查机关了解“罪名”，而不能再进一步了解其他“案件情况”。但自2013年起，修正后的《刑事诉讼法》允许律师向侦查机关了解“案件情况”。既然作为法律规定下来，律师是有权了解“案件情况”的，当律师提出了解要求时，侦查机关应当满足律师的要求，也有义务告知律师“案件情况”。当然，这个“案件情况”只能是已经查清的，因为案件正在侦查，可能不是完整的、全部的“案件情况”，

但现在的问题是：

A. 侦查机关不告知你案件情况，不管你怎么问，侦查机关只是回答：尚不清楚，正在查。你也根本搞不清楚，到底是真的正在

查,还是早已查清却故意隐瞒。

B. 尽管侦查机关已经查清了大部分案情,也只告知小部分案情。

会见犯罪嫌疑人

现行《刑事诉讼法》给律师会见犯罪嫌疑人创造了“宽松”的条件。

要是以前,律师会见犯罪嫌疑人需要由侦查机关来“安排时间”。有的侦查机关一“安排”就给拖个十天半月,有的甚至根本不给“安排”。但现在,律师想要见犯罪嫌疑人,可以直接去看守所,而不需要侦查机关的“安排”。当然,律师前往看守所会见犯罪嫌疑人,必须携带以下证件、文件:

(一)律师事务所出具的会见犯罪嫌疑人的专用介绍信;

(二)律师本人的律师执业证;

(三)委托人签署的《授权委托书》。

了解案件情况

律师会见犯罪嫌疑人时可以向其了解有关案件的情况,包括以下内容:

(一)犯罪嫌疑人的自然情况;

(二)是否参与以及怎样参与所涉嫌的案件;

(三)如果承认有罪,陈述涉及定罪量刑的主要事实和情节;

(四)如果认为无罪,陈述无罪的辩解;

(五)被采取强制措施的法律手续是否完备,程序是否合法;

(六)被采取强制措施后其人身权利及诉讼权利是否受到侵犯;

(七)其他需要了解的情况。

律师会见犯罪嫌疑人,应当遵守羁押场所依法作出的有关规定，例如：

不得将犯罪嫌疑人的亲友带入看守所参与会见；

不得为犯罪嫌疑人传递物品；

不得给犯罪嫌疑人夹带信函；

不得给犯罪嫌疑人饮食抽烟；

不得给犯罪嫌疑人现金；

不得将通信工具借给其使用；

不得进行其他违反法律规定的活动。

律师会见犯罪嫌疑人时：

侦查机关不得派员在场；

看守机关也不得派员在场；

律师与犯罪嫌疑人的谈话不被监听。

虽然“律师与犯罪嫌疑人的谈话不被监听”，但看守所每个会见室均装有监视设备，为了安全考虑（当然既是为了犯罪嫌疑人的安全，也为了律师的安全），对律师的整个会见过程是全程“可视”的，也就是律师与犯罪嫌疑人会见，看守机关是全程录像的（但没有录音）。

但是，现在看守所的功能分割是有“倾向性”的，也就是说供侦查机关用的提审室比供律师用的会见室多得多。实践中，经常出现律师会见室忙之又忙，律师要排队、轮候进行；而另一边的提审室却时常空着。律师如果要借用提审室会见犯罪嫌疑人，就不能保证律师与犯罪嫌疑人的交流不被监听，因为按照规定提审室是要录音录像同时进行的，不光是录像的问题。

提供法律咨询

律师会见犯罪嫌疑人时可为其提供法律咨询，包括以下内容：

（一）有关强制措施的条件、期限、适用程序的法律规定；

(二)有关侦查人员、检察人员及审判人员回避的法律规定;

(三)犯罪嫌疑人对侦查人员的提问有如实回答的义务及对与本案无关的问题有拒绝回答的权利;

(四)犯罪嫌疑人有要求自行书写供述的权利,对侦查人员制作的讯问笔录有核对、补充、改正、附加说明的权利以及在承认笔录没有错误后应当签名或盖章的义务;

(五)犯罪嫌疑人享有侦查机关应当将用作证据的鉴定结论向他告知的权利及可以申请补充鉴定或者重新鉴定的权利;

(六)犯罪嫌疑人享有的辩护权;

(七)犯罪嫌疑人享有的申诉权和控告权;

(八)刑法关于犯罪嫌疑人所涉嫌的罪名的有关规定;

(九)刑法关于自首、立功及其相关规定;

(十)有关刑事案件侦查管辖的法律规定;

(十一)其他有关法律问题。

申请取保候审

在英美的电视剧中,经常看到这样的镜头:某人涉嫌犯罪被警察抓捕,西装革履的律师匆匆赶来,在与警察简单交涉后,犯罪嫌疑人就被保释出来了。

一到中国,在现实生活中,有人犯事了,也请了律师,但就是“保”不出来,怎么回事?

这是因为中国大陆与英美国家的法律体系不一样:

英美国家对于非暴力犯罪,一般允许保释。因此就会在影视作品中经常看到律师保释犯罪嫌疑人的镜头。

但在中国大陆,对于刑事犯罪,一般不允许保释,只有少部分符合条件者,可以被取保。因系“少部分”才可取保,故取保犯罪嫌疑人还是比较困难的。

如果认为被羁押的犯罪嫌疑人符合下述取保候审的条件,可以主动为其申请取保候审:

(一)处刑将会比较轻的,可能判处管制、拘役或者独立适用附加刑的。

(二)处刑相对较重,可能判处有期徒刑以上刑罚,但采取取保候审不致发生社会危险性的。

(三)犯罪嫌疑人患有严重疾病,如生活不能自理的,患有传染疾病的,所患之病在羁押场所无法治疗的,等等。

(四)犯罪嫌疑人正在怀孕或者哺乳自己的婴儿。这里要注意,第一,是正在怀孕,至于流产后、分娩后能否取保,没有具体规定。但笔者的意见是,在流产、分娩后,应当给予一定的休息时间,比如三个月等,在这个休息期间,应当允许取保候审。第二,是正在哺乳"自己的婴儿",至于哺乳其他人的婴儿,不在此列。第三,哺乳期有多长的问题,哺乳期的长短与母亲、婴儿相关,人与人不尽相同,短则三五月,长则三五年。司法实践中一般掌握在一年左右。

(五)侦查机关对犯罪嫌疑人采取的拘留逮捕措施已超过法定期限。不再适用羁押,但又不能解除强制措施,故变更为取保候审。

(六)其他需要取保的特殊情况。

被取保候审的,应当提供保证金或保证人。律师不能担任保证人。

代理控告

律师根据向侦查机关和犯罪嫌疑人了解的情况,结合有关证据材料,认为侦查机关、侦查人员在办案中违反法律、纪律规定,侵犯犯罪嫌疑人的人身权利、诉讼权利或其他合法权益,或者认为侦查机关管辖不当的，可受犯罪嫌疑人的委托，代理其向有关部门提出控告。

但这种控告是据犯罪嫌疑人的委托而进行的；这种控告不得故意捏造事实、伪造证据；这种控告应当向有关部门进行。

查阅卷宗

案件由侦查机关侦查终结后，向人民检察院移送审查起诉。自检察机关审查起诉之日起，受委托的律师可以到人民检察院查阅、摘抄、复制本案的诉讼文书和技术鉴定材料。诉讼文书包括立案决定书、拘留证、批准逮捕决定书、逮捕证、搜查证、起诉意见书及其他文书；技术性鉴定材料包括法医鉴定、司法精神病鉴定、物证技术鉴定等鉴定性文书。摘抄、复制时应保证其准确性、完整性。

律师摘抄、复制的材料应当保密，并妥善保管。

这里有个问题，许多家属以为律师从检察机关取得案卷以后，可以将案卷复制给家属看。其实不然。这是法律授予律师的权利，并不是授予家属的权利。因此，律师可以查阅案卷，这并不等于家属也可查阅案卷。这种案卷包括《起诉意见书》和《起诉书》。

《起诉意见书》是公安机关出具的，在侦查终结后交由检察院的；《起诉书》是检察机关出具的，审查结束后交由法院的。

调查取证

“调查和收集案件有关材料”，可以简称为“调查取证权”。律师有调查取证权，但这种权利受到很多的限制。

律师可以向证人或者其他单位和个人收集与案件有关的材料，但应事先征得本人同意。

辩护律师可以向被害人或者其近亲属、被害人提供的证人收集与案件有关的材料，除应当经本人同意外，事先还应向人民检察院提出书面申请并取得同意。

这里就有个很大的问题:如果证人不同意怎么办?如果检察院不同意怎么办?如果没有得到证人本人或检察机关的同意,律师的这种调查取证将无法展开。

客观上,律师因调查取证而身陷囹圄的,也不在少数。这主要是因为:一是律师自己故意作伪证,意欲瞒骗司法机关;二是犯罪嫌疑人家属唆使证人作伪证,将律师当作工具。

需要说明的是,律师的调查取证权开始于案件到了检察机关的审查起诉阶段,也就是说,律师的调查取证要等到侦查终结以后才能开始。笔者以为,法律之所以这么规定,没有将律师的调查权提前到侦查阶段,主要是怕律师的调查取证干扰侦查机关的侦查。

但也有例外,在下列情况下,律师可以开展调查取证:

(1)可以收集犯罪嫌疑人不在犯罪现场的证据;

(2)可以收集犯罪嫌疑人未达到刑事责任能力证据;

(3)可以收集犯罪嫌疑人属于依法不负刑事责任的精神病人的证据。

律师将收集到的上述证据及时告知公安机关、人民检察院。这一规定使律师可以及时收集有利于犯罪嫌疑人的证据,避免本来可以不被追诉的人受到刑事追诉。

提出辩护意见

根据《刑事诉讼法》规定,辩护人的责任是根据事实和法律,提出证明犯罪嫌疑人、被告人无罪、罪轻或者减轻、免除其刑事责任的材料和意见,维护犯罪嫌疑人、被告人的合法权益。

(1)作无罪辩护。如果认为犯罪嫌疑人、被告人无罪的,应当作无罪辩护。

这种无罪辩护:

A. 可以是犯罪事实不存在的。比如:某人被控告为贪污犯罪,但公款没有短少,也就不存在贪污犯罪的事实,当然是无罪的。

B. 可以是犯罪事实存在,但不是本案犯罪嫌疑人、被告人所为的。比如:某人被控告为贪污犯罪,公款也确实短少了,但不是本案犯罪嫌疑人、被告人贪污的,而是另有他人贪污。这种情况,虽有犯罪事实存在,但不是被指控人干的,而是其他人干的,这个被指控的人当然也就无罪。

C. 证据不够确实充分,不能证实犯罪的。比如,某人被指控为贪污犯罪,公款也确实短少了,但是,唯一能够证明其贪污的领款凭证的签名却是他人仿冒的。在这样的情况下,要证明是该人贪污公款,就显得证据不够"确实充分",没有排除其他合理的怀疑——存在他人贪污的可能性。

D. 依法不应当认定为犯罪的。比如,某人被指控受贿了一笔款项,行贿人、受贿人均供认不讳,且其他证据也能证明。但是,经查,这笔款项在无法退回的情况下已于受贿的当天被打入"581廉政账户"。根据法律的规定,这种情况不应当认定为犯罪。

(2)作有罪但罪轻的辩护。

这种罪轻的辩护:

可以是危害不大的;

可以是在共同犯罪中作用不大的;

可以是有自首、立功、中止等法定减轻、从轻的情节的;

可以是有其他酌情从轻情节的。

(3)作免于刑事处罚的辩护。

有犯罪事实存在,也系犯罪嫌疑人、被告人所为,但依法可以免予处罚的。

这种辩护,可以是向侦查机关提出,也可以是向检察机关、审判机关提出。也就是说，律师的辩护意见在各阶段均可以提出，当然在法庭开庭审理时，律师提出的意见是最为系统、完整的，司法机关也最为重视。

代理申诉

我们国家对案件的审理，实行的是二审终审制，也就是：案件经过两级人民法院的审理，就告终结；如果仍然不服的，就不能提起上诉。

但是，实践中也确有一些案件，虽然经过两审终审了，当事人总觉得这案件审理得不对，对裁判结果不服；另外，也有一些情形，如在一审、二审时没有证据证明自己的观点，但案件终审之后，有新的证据出现，足以推翻原审裁判的，在这样的情况下，如果不纠正原裁判，不利于维护司法的公平与正义。但这个时候的诉求不能叫"上诉"，只能叫"申诉"。

但申诉不是想提就能提的。

上诉，对当事人来说是没有条件的，也就是说只要当事人想上诉，就可以上诉，而可以不讲上诉的具体理由；作为原法院和上诉法院，不能审查该当事人的上诉理由是否成立，而有义务接收该上诉。

但申诉不一样，如果要申诉，就得符合一定的条件，只有符合了申诉的条件才可以申诉；否则法院可以不接受申诉。因为毕竟案件已经结案，裁判已经生效。

具有下列情形之一的，可以委托律师进行申诉：

新的证据证明原判决、裁定认定的事实确有错误，可能影响定罪量刑的；

据以定罪量刑的证据不确实、不充分、依法应当予以排除，或者证明案件事实的主要证据之间存在矛盾的；

原判决、裁定适用法律确有错误的；

违反法律规定的诉讼程序，可能影响公正审判的；

审判人员在审理该案件的时候，有贪污受贿、徇私舞弊或枉法等裁判行为的。

关于申诉的期限

有的人认为申诉也应当有期限，过了这个期限就失去了申诉的权利。这是从有利于节约司法资源的角度去考虑的问题。如果一个案件，可以无限期地提出申诉，那么对其他公民来说可能不公平——因为其占用了过多的司法资源，而司法资源是有限的。因此，最高人民法院《关于规范人民法院再审立案的若干意见（试行）》第十条规定，申诉人应当在刑罚执行完毕后两年内提出申诉。超过两年的，必须得具有下列情形之一才能提出申诉：

（一）可能对原审被告人宣告无罪的；

（二）原审被告人在本条规定的期限内向人民法院提出申诉，人民法院未受理的；

（三）属于疑难、复杂、重大案件的。

不符合前款规定的，人民法院不予受理。

但笔者反对上述观点，理由如下：

（1）尽管最高法院《再审立案的若干意见（试行）》有“两年”的规定，但是现行的《刑事诉讼法》却没有如此规定。从法律效力的角度，可以理解为“两年”的规定已经取消，因为法律的效力大于司法解释。

（2）现行的《刑事诉讼法》是2018年修正的，而最高法院《再审立案的若干意见（试行）》是2002年颁布的。从时间效力的角度，也可以理解为“两年”的规定已经取消，新法也优于旧法。

（3）节约司法资源是对的，但前提是要公平、公正。刑事案件涉及一个人的人身自由甚至生命，如果错判了，给其申诉的期限只有两年（刑罚服刑完毕后），未免过于苛刻，因其在监狱中的申诉是有局限的。这种司法资源的节约，是以不公平、不公正为代价的，这种“节约”宁可不要（当然，在民事、行政等诉讼案件中可以如此规定申诉期限）。

不管是否有期限的规定，原已经生效的判决、裁定在申诉时不停止执行。

律师代理申诉的途径主要有两条：

A. 依法要求人民法院重新审判；

B. 依法提请人民检察院抗诉。

◉非法证据排除

“那是他们逼我说的，不能算！”

在司法实践中，经常遇到有些被告人在法庭上“翻供”：以前说的都是假的，是办案人员刑讯逼供，不让吃饭、不让睡觉，所以我才这么说的。

这涉及非法收集证据的问题。如果真的以刑讯逼供等非法手段获取的相关证据，在法律上是应当予以排除的，也即不应当被用作定案的依据。

非法证据排除的法律依据

2010年5月，最高人民法院、最高人民检察院、公安部、国家安全部、司法部联合颁布的《关于办理死刑案件审查判断证据若干问题的规定》和《关于办理刑事案件排除非法证据若干问题的规定》（简称《非法证据排除规定》），标志着非法证据排除规则在我国的真正建立，也为我国司法人员的实践提供了指导。

《刑事诉讼法》规定："采用刑讯逼供等非法方法收集的犯罪嫌疑人、被告人供述和采用、暴力威胁等非法方法收集的证人证言、被害人陈述，应当予以排除。收集物证、书证不符合法定程序，可能严重影响司法公正的，应当予以补正或者作出合理解释；不能补正或作出合理解释的，对该证据应当予以排除。在侦查、审查起诉、审判时发现有应当排除的证据的，应当依法予以排除，不得作为起诉意见、起诉决定和判决的依据。"

非法证据并非一概排除

(1)非法获取的口供"无条件排除"。之所以进行刑讯逼供，就是为了获取言词证据，即口供。如果系刑讯逼供或变相刑讯逼供(如不让吃饭睡觉等)获取的口供，在很大程度上是不真实的，因为很有可能系犯罪嫌疑人、被告人在心理、生理受不了的情况下采取"权宜之计""缓兵之计"，极有可能瞎编乱造；当然，也不能排除有部分犯罪嫌疑人、被告人在"顶不住"的情况下，吐出真情。即使获取了真实的口供，这也严重侵犯了犯罪嫌疑人、被告人的肉体和精神，是法治社会所禁止的。

(2)非法获取的实物证据"有条件排除"。与言词证据相比，实物证据是存在于人脑之外的，在犯罪发现之前形成，它的产生、存在、变化、消亡也不以人的主观意志为转移，加之实物证据证明力和其获取方法之间的关联性较弱，可信度与证明力都要比口供强，也更客观。因此，对于此类证据不应采用"无条件排除"的原则，而应当采取"有条件排除"原则。

第一，如果收集物证、书证等实物证据时的手段、方法等不符合法定程序，可能严重影响司法公正的，应当予以补正或者作出合理解释;不能补正或作出合理解释的,对该证据应当予以排除。

第二,如果收集物证、书证等实物证据时在某些细节性或者技术性问题上,有违法律的一般性规定,或者程序存在"瑕疵",而这种轻微的违法在整个案件中不起决定性影响或作用,在这样的情况下由法官结合具体案情进行自由裁量。

(3)"毒树之果"的犹豫。所谓"毒树之果"是指以非法的方法取得证据或线索,再利用该证据或线索,用合法的方法去收集新的证据,且这个新的证据是独立的,与原有的非法取得的证据或线索不同。法律上将用这种方法收集的新证据,称为"毒树之果"。"毒树"——前期用非法的方法收集证据或线索;"之果"——后期依赖前期的非法基础,再合法地收集新的证据。

对于"毒树",因其是非法行为取得,如属言词证据,予以排除,应该没有问题;但对于"之果",是否应当排除,有点为难。若认为应该排除,但它是用合法手段取得的;若认为不应该排除,它又毕竟是在非法的基础上取得的。

在我国现阶段,"毒树"——要被排除,不可用;"之果"——看情况,可用不可用由法官自由裁量。

◉同步录音录像

录音录像是全程的、同步的

人民检察院讯问职务犯罪嫌疑人实行全程同步录音、录像,是指人民检察院办理直接受理侦查的职务犯罪案件,每次讯问犯罪嫌疑人时,应当对讯问全过程实施不间断的录音、录像。请注意:

第一,这里要求的是"每次讯问"均要录音录像。也就是说,只要有"讯问",就要"录音录像",不能选择性摄录,例如:有几次"讯问”是摄录的，有几次“讯问”没有摄录；或者，重要的“讯问”的摄录，不太重要的“讯问”就不摄录。

第二，审录要同步进行。不能“先审后录”——先进行审讯，待口供突破再打开摄录机进行摄录，这种情况是不允许的。因为如果该种情况被允许，那就破坏了“全程同步录音录像”的初衷——保障被讯问人的合法权利、人身心理状况不受不法侵害。如果允许该种情况存在，“同步录音录像”的意义也就不再存在。

第三，这种摄录应当是“不间断”的。也就说从审讯一开始至审讯结束，是全程的、连续的，中间不存在时间的跳性（出现技术故障除外）。换句话，录音录像的时间、讯问时间、客观时钟走动的时间，三者应当是一致的。

第四，这既是检察机关的权利和义务，也是犯罪嫌疑人的权利。如果犯罪嫌疑人受到检察机关的讯问，检察机关有权对讯问过程进行录音录像；反过来，如果检察机关对犯罪嫌疑人开始了讯问而没有进行录音录像，后者也有权利要求进行录音录像，而对犯罪嫌疑人的这种要求检察机关应当采纳，这也是他们的义务。

录音录像前应当进行告知

讯问开始时，检察机关应当告知犯罪嫌疑人将对讯问进行全程同步录音、录像，告知情况应在录音、录像中予以反映，并记载于讯问笔录。

如果犯罪嫌疑人受到讯问被告知要进行录音录像时，其表示不愿意录音录像，检察机关是否应当接受他的要求呢？回答是否定的。因为这对犯罪嫌疑人来说虽然是一种保护权利，但对检察机关来说也是一种保护犯罪嫌疑人的义务。因此，不管犯罪嫌疑人是否反对，检察机关是一定要进行录音录像的。

摄录场景应当被显示

全程同步录像的，摄制的图像应当反映犯罪嫌疑人、检察人员、翻译人员及讯问场景等情况，犯罪嫌疑人应当在图像中全程反映，并显示与讯问同步的时间数码。在检察院讯问室讯问的，应当显示温度和湿度。

录音录像应当能够反映讯问的基本场景：时间、地点、空间、人物，有的还要“温度”与“湿度”。这对保护被讯问人的基本人权是很有好处的。

发生技术故障应当进行说明

讯问过程中，因技术故障等客观情况不能录音、录像的，一般应当停止讯问，待故障排除后再次讯问。讯问停止的原因、时间和再行讯问开始的时间等情况，应当在笔录和录音、录像中予以反映。

不能录音、录像的客观情况一时难以消除又必须继续讯问的，经检察长批准，并告知犯罪嫌疑人后可以继续讯问。未录音、录像的情况应当在笔录中予以说明，由犯罪嫌疑人签字确认。

摄录结束应当签字封存

讯问结束后，录制人员应当立即将录音、录像资料复制件交给讯问人员，并经讯问人员和犯罪嫌疑人签字确认后当场对录音、录像资料原件进行封存，交由检察技术部门保存。

(1)这种签字，应当是当场的。这主要证明录音录像的原始性、客观性、及时性。如果系日后补签的，则无所谓“当时”的录音录像；如果系日后补签的，则有可能被怀疑进行过“修补”、剪辑，则原始性与客观性也存在问题。

(2)这里重点强调的是讯问人员与犯罪嫌疑人的共同签名。尤其是犯罪嫌疑人的签名,至关重要。一般认为,录音录像其根本目的是保护犯罪嫌疑人,保护其人身权利不受非法的侵害,如打骂、挨冻等,因此,犯罪嫌疑人对此录音录像的确认特别重要。从诉讼角度讲,有此犯罪嫌疑人的签名,日后在法庭审理过程中,如果出现"翻供",则有录音录像的证据在案,一般来说犯罪嫌疑人的"翻供"不会取得成功。

庭审有异议时应当当庭播放

案件审查过程中,人民法院、被告人或者辩护人对讯问活动提出异议的,或者被告人翻供的,或者被告人辩解因受刑讯逼供、威胁、引诱、欺骗等而供述的,公诉人应当提请审判长当庭播放讯问全程同步录音、录像资料,对有关异议或者事实进行质证。

(1)这种权利是双向的。上文已经阐述:录音录像的目的是固定证据,用以证明讯问笔录的真实性、有效性。所以,当庭审过程中,有被告人对此前自己所处的"讯问活动"提出异议时,控方为了证明自己主导的"讯问活动"不存在非法行为,就应当主动向法庭提出申请,要求播放关于"讯问活动"的录音录像。这是控方的权利。

被告人也有权利要求控方播放关于自己权利受到侵害时所处"讯问活动"的录音录像,用于证明自己的观点。这是被告方的权利。

(2)对控方来说这也是义务。当被告人申请法庭播放关于"讯问活动"的录音录像时,控方就责任、有义务提供相关的视听资料。当然,在法庭上的任何申请活动有赖于法庭的准许。

公安机关也已经开始同步录音录像

2014年3月，公安部法制局在苏州召开讯问犯罪嫌疑人同步录音录像专项调研座谈会，公安部法制局副局长孙萍，江苏、辽宁、上海、福建、湖北、重庆、陕西等省市公安厅(局)法制部门相关负责人参加调研、座谈，并对公安部草拟的《公安机关讯问犯罪嫌疑人录音录像规定(讨论稿)》进行讨论，提出修改意见。

2014年10月1日开始，公安部要求全国公安机关贯彻落实《公安机关讯问犯罪嫌疑人录音录像工作规定》。

该《规定》之大致内容同最高检的规定。较之不同的是：

1. 公安机关仅对部分重大案件进行同步录音录像

考虑到公安机关承担的刑事案件量特别大，全部实行同步录音录像成本特别高，工作量也大。故公安对案件的同步录音录像是选择性的，选择了一批重大的刑事案件。对于该类重大的刑事案件，对于讯问应当进行录音录像：

(一)可能判处无期徒刑、死刑的案件；

(二)致人重伤、死亡的严重危害公共安全犯罪、严重侵犯公民人身权利犯罪案件；

(三)黑社会性质组织犯罪案件，包括组织、领导黑社会性质组织，入境发展黑社会组织，包庇、纵容黑社会性质组织等犯罪案件；

(四)严重毒品犯罪案件，包括走私、贩卖、运输、制造毒品，非法持有毒品数量大的，包庇走私、贩卖、运输、制造毒品的犯罪分子情节严重的，走私、非法买卖制毒物品数量大的犯罪案件；

(五)其他故意犯罪案件，可能判处十年以上有期徒刑的。

2. 对录音录像提出更明确要求

除了“对讯问过程进行录音录像”“应当对每一次讯问全程不

间断进行”外，明确提出要“保持完整性”“不得选择性地录制”“不得剪接、删改”。

录音录像存在的问题

（1）没有按照规定“每讯必录”，即选择性摄录。这表现为：重要讯问时才摄录，一般讯问时不摄录；在开始进行文字笔录时才摄录，在讯问开始时或讯问的前半部活动没有摄录；摄录时间与客观时间存在差异；没有在摄录结束当时签名或封存。

（2）技术问题多发，致证明力下降。技术问题是客观存在的，但技术问题的多发，导致讯问笔录证明质量的下降。因为在司法实践中，没有按照规定进行录音录像，大多推向“技术故障”。

（3）管理问题多发，使人产生想象空间。对于同步录音录像，此前在许多地方有过“试点”，经常在“关键时刻”——控辩双方争议焦点上，控方称“因档案管理问题”找不到当时的录音录像。这使人容易产生联想：是否故意销毁了？是否不敢拿出来？

第二节　羁押场所

◎看守所

看守所的性质

看守所是羁押依法被刑事拘留、逮捕的犯罪嫌疑人的场所。

看守所的性质决定了看守所关押的是被采取强制措施的人，也就是犯罪嫌疑人，或者是被告人，也就是以前大众所说的“未决犯”，换句话说就是“尚未被确定有罪之人”。一个人一旦被确定有罪，将被移送至监狱服刑，而不能置于看守所。

这里需要注意的是，看守所关押的是未被“确定”有罪之人，而非未被“判决”有罪之人。因为“确定”有罪讲的是判决已经生效，而“判决”有罪讲的是有可能判决还尚未生效，如一审判决有罪，但尚在上诉期或正在二审之中，这时候只能说“判决”有罪，而不能说“确定”有罪。

看守所虽然关押的是“未决犯”，但有的时候也关押刑期较短的“已决犯”。但这些“已决犯”一般属于刑期很短或“确定”有罪后尚余刑期不多的情形。因为如果在这些情形下再将“已决犯”移到监狱去，意义不大，会浪费许多精力。

现行规定：被判处有期徒刑的罪犯，在被交付执行刑罚前，剩余刑期在三个月以下的，由看守所代为执行。

因此，看守所首先是个羁押场所，其次才兼具少量的服刑功能。

看守所的设置

看守所以县级以上的行政区域为单位设置，由本级公安机关管辖。因此，一般情况下，每个县区都会有自己的看守所，市地也会有自己的看守所，省里也会有省里的看守所。有的市区域比较大、人口比较多，也会有多个看守所，如第一看守所、第二看守所等。

省、自治区、直辖市国家安全厅（局）根据需要，可以设置看守所。

铁道、交通、林业、民航等系统相当于县级以上的公安机关，可以设置看守所。

看守所对犯罪嫌疑人的武装警戒和押解由中国人民武装警察

部队(以下简称武警)担任。看守所对执行任务的武警实行业务指导。

看守所的监管活动受人民检察院的法律监督。每个看守所均有检察机关驻看守所的检察室。

看守所的收押

看守所收押犯罪嫌疑人,须凭送押机关持有的县级以上公安机关、国家安全机关签发的逮捕证、刑事拘留证或者县级以上公安机关、国家安全机关、监狱、劳动改造机关、人民法院、人民检察院追捕、押解犯罪嫌疑人临时寄押的证明文书。没有上述凭证,或者凭证的记载与实际情况不符的,不予收押。

看守所收押犯罪嫌疑人,应当进行健康检查,有下列情形之一的,不予收押:

(一)患有精神病或者急性传染病的。

(二)患有其他严重疾病,在羁押中可能发生生命危险或者生活不能自理的,但是罪大恶极的、不羁押对社会有危险性的除外。

(三)怀孕或者哺乳自己不满一周岁的婴儿的妇女。

看守所的会见

不能与家人进行会见

进入看守所的嫌疑人是正在接受审查的人,是禁止与外界进行接触的,包括嫌疑人的亲属。现在有些影视作品中,经常出现妻子、女朋友到看守所"探监"等情形,均是不符合法律规定的,是影视作品杜撰出来的,现实司法实践中是不可能的。

但嫌疑人可与家人进行通信,指写信。当然这种信件是要经过看守机关进行检查后才能付邮,在通信中不能涉及与案件有关的内容。

此外,现代科技比较发达,电话通信已经普及,但即使不涉及案件内容,在押人也不能与家进行通话。

可与律师进行会见

但嫌疑人、被告人有会见律师的权利。辩护律师可以同在押的犯罪嫌疑人、被告人会见和通信。其他辩护人经人民法院、人民检察院许可,也可以同在押的犯罪嫌疑人、被告人会见和通信。辩护律师持律师执业证、律师事务所证明和委托书或者法律援助公函要求会见在押的犯罪嫌疑人、被告人的,看守所应当及时安排会见,至迟不得超过四十八小时。

危害国家安全犯罪、恐怖活动犯罪、特别重大贿赂犯罪案件,在侦查期间辩护律师会见在押的犯罪嫌疑人,应当经侦查机关许可。上述案件,侦查机关应当事先通知看守所。

辩护律师会见在押的犯罪嫌疑人、被告人,可以了解案件有关情况,提供法律咨询等;自案件移送审查起诉之日起,可以向犯罪嫌疑人、被告人核实有关证据。辩护律师会见犯罪嫌疑人、被告人时不被监听。

与监狱的区别

看守所是羁押依法被逮捕、刑事拘留的犯罪嫌疑人的机关。

被判处有期徒刑的罪犯,在被交付执行刑罚前,剩余刑期在三个月以下的,由看守所代为执行。看守所的任务是依据国家法律对被羁押的犯罪嫌疑人实行武装警戒看守,保障安全;对犯罪嫌疑人进行教育;管理犯罪嫌疑人的生活和卫生;保障侦查、起诉和审判工作的顺利进行。

监狱是国家的刑罚执行机关。依照《刑法》和《刑事诉讼法》的规定,被判处死刑缓期二年执行、无期徒刑、有期徒刑的罪犯,在监狱内执行刑罚。监狱对罪犯实行惩罚和改造相结合、教育和劳动相结合的原则,将罪犯改造成为守法公民。

看守所的警戒

看守所的警戒由武警部队负责。驻看守所的武警部队根据看守工作的需要和武警《内卫勤务条例》部署警力。

武警应当在监区大门、监房上的巡逻道、岗楼设置哨位。

武装警戒的任务是防范和制止人犯自杀、脱逃、行凶、破坏、骚乱,镇压人犯暴动,防范和制止敌对分子、违法犯罪分子袭击看守所、劫持人犯及其他危害看守所安全的破坏活动。

看守所的奖惩

犯罪嫌疑人、被告人在羁押期间有下列表现之一的,看守所应当书面报请办案机关依法从宽处理:

(一)检举揭发监内外犯罪分子,经查证属实的;

(二)劝阻人犯行凶、逃跑和其他违法犯罪活动的;

(三)有其他有利于国家和人民的行为的。

在羁押期间有下列行为之一的,应当根据不同情节分别给予警告、训诫、责令具结悔过或者禁闭的处罚;构成犯罪的,依法追究刑事责任:

(一)违反监规纪律,经教育不改正的;

(二)散布腐化堕落思想,妨碍他人悔改的;

(三)不服监管,经查确属无理取闹的;

(四)故意损坏公物的;

(五)欺侮、凌辱其他人犯,侵犯他人人身权利的;

(六)拉帮结伙打架斗殴,经常扰乱管理秩序的;

(七)传授犯罪方法或者教唆他人进行违法犯罪的;

(八)逃跑或者组织逃跑的;

(九)有其他违法犯罪行为的。

对在押人的警告、训诫和责令具结悔过,由看守干警决定并报告看守所所长后执行。给予禁闭处分的,由看守干警提出,看守所所长决定。

对禁闭的在押人,应当关在专设监房反省。禁闭期限一般为一至十天,最长不得超过十五天。

物品的保管

看守所对在押人带入所内以及后来寄送的财物,需要代为保管的,应当当面点清,详细登记。

填写《财物保管登记表》时,应当把财物的名称、数量、质量、规格、特征和牌号写清楚,并由人犯签名捺印。登记表一式三份,一份存根,一份交人犯收执,一份连同财物一起保存。

被羁押人出所时,当面点清发还代为保存的财物,由本人在《财物保管登记表》(存根)上签字捺印,看守所收回其存留的《财物保管登记表》。

对脱逃人犯的财物,应当暂时保管。一年后人犯未捕获归案的,上缴财政部门处理。

对死亡人犯或者已执行死刑的罪犯的财物,应当按规定通知其家属领取,路远无法领取的也可代为寄去。如无家属,或者在一年内无法通知和寄送以及通知后逾期一年不来领取的,上缴财政部门处理。

上缴财物的收据,要归入人犯档案保存备查。

物品的寄送

看守所主要是对被采取强制措施的人进行羁押的场所。对犯罪嫌疑人采取强制措施往往比较紧急,对在押人生活所必需的衣物一般准备不够齐全。虽然说看守所有最为基本的保障,但毕竟只是“最基本”的。这个“最基本”的保障是按照一般人的生活必需所设计准备的,如果有的在押人有特别的要求,可能就要在看守所外的亲属专门购置、转送。如某些人冬天特别怕冷,依靠看守所正常的衣服配置可能还不能御寒,就需要亲属加送衣服至看守所。因此,一般看守所是可以送衣服的。当然,对所送衣服也是有要求的:

衣服上不能有金属的扣、片、拉链,也不能有绳、带。这主要从在押人自身和他人的安全考虑,防止自杀、自伤、他杀、他伤,防止越狱逃跑。

食品一般不能送。这主要也是从安全考虑,也从健康角度考虑。

药品一般也不能送。这也是从安全的角度考虑。一般的、常规的药品,看守所都具备的,无须外带。但有些在押人可能对适用药品有特殊的要求,或者看守所没有这样的药品,而在押人又必须服用,在这样的情况下,经看守所(医师)同意,可以送,但必须是没有开封过的整瓶、整盒、整板的药品才行。

书籍一般也不行。但对于羁押时间已经较长、职务犯罪、没有串供逃跑迹象等的在押人,有些看守所还是允许的。

钱是可以送的。主要用于看守所内购买一些必需的生活用品。但所送金钱的数额多有控制,一般每月以数百元为多。

至于其他,诸如烟酒等,一概不能送。

上述能够送的东西，也必须经过看守所的严格检查才能进入看守所。其中不能夹带任何的信件等物品。

看守所接收衣物，都有固定的场所，有专门的人员负责接收，接收以后出具物品清单。

有的看守所允许邮寄物品；有的看守所甚至只能通过邮寄才行。

有的看守所还有专门的“接收时间”。比如每周一、四上午为接收时间，其余时间概不接收。有不少看守所有这样的规定。笔者以为，这样的规定很不人性。现在社会人力大流动，一个城市中的人员往往来自五湖四海。同样，涉嫌犯罪的人员也往往来自五湖四海。在押人其亲属有许多不在本地，有的甚至远在千里之外。其亲属赶到看守所想送点钱物，到了看守所门口才发现门口有个“安民告示”：本看守所接收衣物的时间为××。此时只能候着看守所的“接收时间”。

◉监视居住点

监视居住是《刑事诉讼法》规定的5种强制措施之一，是指在刑事诉讼过程中，因某种特定情况的出现，侦查机关、检察机关、审判机关限令犯罪嫌疑人、被告人在规定的期限内不得离开住处或者指定的居所，并对其行为加以监视、限制其人身自由的一种强制措施。

适用条件

有下列情形之一的犯罪嫌疑人、被告人，可以被监视居住：

（一）患有严重疾病、生活不能自理的；

（二）怀孕或者正在哺乳自己婴儿的妇女；

(三)系生活不能自理的人的唯一扶养人;

(四)羁押期限届满,案件尚未办结,需要采取监视居住措施的。

权利义务

被监视居住的犯罪嫌疑人、被告人应当遵守以下规定:

(一)未经执行机关批准不得离开执行监视居住的处所;

(二)未经执行机关批准不得会见他人或者通信;

(三)在传讯的时候及时到案;

(四)不得以任何形式干扰证人作证;

(五)不得毁灭、伪造证据或者串供;

(六)将护照等出入境证件、身份证件、驾驶证件交执行机关保存。

被监视居住的犯罪嫌疑人、被告人违反前款规定,情节严重的,可以予以逮捕;需要予以逮捕的,可以对犯罪嫌疑人、被告人先行拘留。

刑期折抵

监视居住的期限可以折抵刑期。如果此后被判处拘役、有期徒刑的,监视居住2日折抵刑期1日(如果此后被判处管制的,监视居住1日折抵刑期1日)。

这与因刑拘、逮捕而被羁押可被折抵的刑期不同。被刑拘、逮捕而羁押的期限,如果此后被判处拘役、有期徒刑的,则被刑拘、逮捕而羁押的1日可以折抵刑期1日。

执行机关

监视居住由公安机关执行。

不管是检察机关还是审判机关决定的监视居住，均由公安机关来执行。

人民检察院对指定居所监视居住的决定和执行是否合法实行监督，这包括对公安机关、审判机关所作出的决定。

执行场所

对被执行监视居住的，居住地场或地点有两个：

(1)住所。一般情况下，监视居住应当在犯罪嫌疑人、被告人住处执行。

(2)指定居所。

A. 如果犯罪嫌疑人、被告人无固定住处的，可以在指定的居所执行。

B. 对于涉嫌危害国家安全犯罪、恐怖活动犯罪、特别重大贿赂犯罪，在住处执行可能有碍侦查的，经上一级人民检察院或者公安机关批准，也可以在指定的居所执行。

前者是犯罪嫌疑人、被告人自身条件欠缺，没有固定的住处，使得客观上不能执行监视居住，指定居所监视居住就成为一种补充办法；后者是犯罪嫌疑人、被告人有固定住处，客观上可以执行监视居住，但是，涉及三种性质严重的案件，在住处执行监视居住有碍侦查，指定居所监视居住就成为顺利开展侦查活动的必要办法。

正是存在归属于犯罪嫌疑人、被告人的客观原因与侧重于追求侦查活动效率的主观目的之根本区别，对后者设定了更加严格的适用程序，即经上一级人民检察院或者公安机关批准，防止以有利于开展侦查活动为名滥用指定居所监视居住。

但是，不得指定在羁押场所、专门的办案场所执行。

执行机关对被监视居住的犯罪嫌疑人、被告人，可以采取电子监控、不定期检查等监视方法对其遵守监视居住规定的情况进行监督；在侦查期间，可以对被监视居住的犯罪嫌疑人的通信进行监控。

什么是“有碍侦查”

有下列情形之一的，属于本条规定的“有碍侦查”：

（一）可能毁灭、伪造证据，干扰证人作证或者串供的；

（二）可能引起犯罪嫌疑人自残、自杀或者逃跑的；

（三）可能引起同案犯逃避、妨碍侦查的；

（四）犯罪嫌疑人、被告人在住处执行监视居住有人身危险的；

（五）犯罪嫌疑人、被告人的家属或者所在单位人员与犯罪有牵连的。

指定居所监视居住的，不得要求被监视居住人支付费用。

执行通知

如果在犯罪嫌疑人、被告人的合法住处执行监视居住，也就不存在“通知”的情形；但被指定居所监视居住的，除无法通知的以外，应当在执行监视居住后24时以内，通知被监视居住人的家属。

有下列情形之一的，属于“无法通知”：

（一）不讲真实姓名、住址、身份不明的；

（二）没有家属的；

（三）提供的家属联系方式无法取得联系的；

（四）因自然灾害等不可抗力导致无法通知的。

无法通知的情形消失以后，应当立即通知被监视居住人的家属。

无法通知家属的，应当在监视居住通知书中注明原因。

执行期限

监视居住最长不得超过6个月。

人民法院、人民检察院和公安机关对犯罪嫌疑人、被告人监视居住最长不得超过6个月。

在取保候审、监视居住期间，不得中断对案件的侦查、起诉和审理。对于发现不应当追究刑事责任或者取保候审、监视居住期限届满的，应当及时解除取保候审、监视居住。解除取保候审、监视居住，应当及时通知被取保候审、监视居住人和有关单位。

这里需要注意监视居住与取保候审的区别。取保候审最长时间是1年。

什么是“固定居所”

固定居所是指被监视居住人在办案机关所在的市、县内生活的合法住处。

“合法住处”应当作广义的理解，不能仅理解为犯罪嫌疑人、被告人自己所拥有的合法住处（比如：房产证是犯罪嫌疑人、被告人的）。只要是犯罪嫌疑人、被告人的合法住处即可，如平时合法租赁的住宅、与长辈晚辈合住的住宅等。

这里的“市”，不仅指县级市，也指地级市，即设区的市；但对设区的市应理解为归属于“市区”“城区”的范围。如某县虽然归属于某市，但其仍是财政尤其是交通相对独立的某县，此种情况应当不算“在本市内有合法住处”。

指定居所应当具备的条件

由于系指定居所，具有临时性、简易性的特点，可能与犯罪嫌疑人、被告人的“合法住处”的生活设施、居住条件有所不同，更可能条件相对较差。但应当保障生活必需的基本条件，也即基本适合居住。至于是否应当安装空调、可以用热水洗澡等，没有统一的标准。一般要求具有以下条件：

(一)具备正常的生活、休息条件；

(二)便于监视、管理；

(三)保证安全。

公安机关不得在羁押场所、专门的办案场所或者办公场所执行监视居住。

◎监狱

监狱是国家的刑罚执行机关。

依照《刑法》和《刑事诉讼法》的规定，被判处死刑缓期2年执行、无期徒刑、有期徒刑的罪犯，在监狱内执行刑罚。

判决生效后1个月内收监

对被判处有期徒刑及以上刑罚的罪犯，如无期徒刑、死刑缓期2年执行的罪犯，在判决生效后的1个月内送交监狱，执行刑罚。

何为判决生效？我国实行“两审终审制”，也就是一个案件经过两个层级法院的审理，判决就生效了。如果仅是经过一个层级的法院审理，法律上称为“一审”。经过一审的案件，由于被告人有上诉权、检察机关有抗诉权，因此，经过一审的案件只要被告人上诉或检察机关抗诉,那么就会引起二审,即引起上一级法院的审理。如此,一审的判决就尚未生效。此时,被告人不会也不应当被移送监狱执行刑罚。

如果引起了二审,那么被告人还是要继续待在看守所,直至二审的结果出来。二审的结果一旦出来,即为生效裁判。如果此时被告人仍对结果不服,再提申诉,也不影响移送监狱的执行。也即二审结果一出来,必须在1个月内移送监狱执行。

这里讲的“1个月内”,只是讲了最长的时间跨度。因此,不排除在生效裁判出来之后,短时间内被移送监狱的可能。如果某个看守所是每月定期移送的,如果生效裁判下来后第二天即是该看守所的固定移送日,则有可能该服刑人员第二天即被送走,而无须再在看守所等待1个月。

能否在看守所服刑?

所谓短刑犯,也就是刑期不长的,或者将看守所所待时间经过刑期折抵后剩余刑期不长的,能否在看守所服刑?有人说在看守所服刑,与到监狱服刑不是一样吗?都是服刑,为什么要选择在看守所服刑呢?这主要有几个因素:

(1)看守所一般都在离市区比较近的地方,有的甚至就在市区,方便亲属探监;

(2)服刑人员在看守所已经待了一段时间,熟悉或适应了看守所的羁押,怕到陌生的环境中不适应;

(3)可能有这种情况:在服刑人员前期的关押过程中,可能某些“关系”已经渗透、打点到看守所了。如果在看守所服刑,则在日后可能获得“关照”。实际上,确有服刑人员“积极”争取在看守所服刑。

司法监管层可能看到了问题所在。

2012年，在《中华人民共和国监狱法》修改时，将原来可在看守所服刑的剩余刑期由1年改为3个月。也就是说，服刑人员在被交付执行刑罚前，剩余刑期在3个月以下的，由看守所代为执行。长于此刑期的，一律移送监狱执行。

监规教育

暂予监外执行

由于某种特殊情况的出现，对于被判处无期徒刑、有期徒刑在监内服刑的罪犯，符合《刑事诉讼法》规定的监外执行条件的，可以暂予监外执行。

但监外执行的条件比较苛刻，审批也非常严格。

暂予监外执行，由监狱提出书面意见，报省、自治区、直辖市监狱管理机关批准。批准机关应当将批准的暂予监外执行决定通知公安机关和原判人民法院，并抄送人民检察院。

人民检察院认为对罪犯适用暂予监外执行不当的，应当自接到通知之日起1个月内将书面意见送交批准暂予监外执行的机关，批准暂予监外执行的机关接到人民检察院的书面意见后，应当立即对该决定进行重新核查。

暂予监外执行并非放任不管，仍有严格的管理制度。无非管理由监狱内移到了监狱外。对暂予监外执行的罪犯，依法实行社区矫正，由社区矫正机构负责执行。原关押监狱应当及时将罪犯在监内改造情况通报负责执行的社区矫正机构。

暂予监外执行的情形消失，或暂予监外执行的罪犯具有《刑事诉讼法》规定的应当收监的情形的，社区矫正机构应当及时通知监狱收监；刑期届满的，由原关押监狱办理释放手续。

罪犯在暂予监外执行期间死亡的，社区矫正机构应当及时通知原关押监狱。

减刑假释

关于减刑与假释，本书第四章第三节已有相关叙述，以下内容为其补充。

被判处无期徒刑、有期徒刑的罪犯，在服刑期间确有悔改或者立功表现的，根据监狱考核的结果，可以减刑。有下列重大立功表现之一的，应当减刑：

（一）阻止他人重大犯罪活动的；

（二）检举监狱内外重大犯罪活动，经查证属实的；

（三）有发明创造或者重大技术革新的；

（四）在日常生产、生活中舍己救人的；

（五）在抗御自然灾害或者排除重大事故中，有突出表现的；

（六）对国家和社会有其他重大贡献的。

减刑建议由监狱向人民法院提出，人民法院应当自收到减刑建议书之日起1个月内予以审核裁定；案情复杂或者情况特殊的，可以延长1个月。减刑裁定的副本应当抄送人民检察院。

被判处死刑缓期二年执行的罪犯，在死刑缓期执行期间，符合法律规定的减为无期徒刑、有期徒刑条件的，二年期满时，所在监狱应当及时提出减刑建议，报经省、自治区、直辖市监狱管理机关审核后，提请高级人民法院裁定。

被判处无期徒刑、有期徒刑的罪犯，符合法律规定的假释条件的，由监狱根据考核结果向人民法院提出假释建议，人民法院应当自收到假释建议书之日起1个月内予以审核裁定；案情复杂或者情况特殊的，可以延长1个月。假释裁定的副本应当抄送人民检察院。

对被假释的罪犯,依法实行社区矫正,由社区矫正机构负责执行。被假释的罪犯,在假释考验期限内有违反法律、行政法规或者国务院有关部门关于假释的监督管理规定的行为,尚未构成新的犯罪的,社区矫正机构应当向人民法院提出撤销假释的建议,人民法院应当自收到撤销假释建议书之日起1个月内予以审核裁定。人民法院裁定撤销假释的,由公安机关将罪犯送交监狱收监。

人民检察院认为人民法院减刑、假释的裁定不当,应当依照《刑事诉讼法》规定的期限向人民法院提出书面纠正意见。对于人民检察院提出书面纠正意见的案件,人民法院应当重新审理。

分押分管

监狱对成年男犯、女犯和未成年犯实行分开关押和管理。女犯、未成年犯相对于男犯来说,一般人数相对较少。故女犯、未成年犯都单独关押。社会上所说的“女监”“少管所”等就是单独关押女犯与未成年犯的场所。

监狱根据罪犯的犯罪类型、刑罚种类、刑期、改造表现等情况,对罪犯实行分别关押,采取不同方式管理。社会上所说的某监是“关押重刑犯的”、某监是“关押轻刑犯的”就是这个意思。

通信会见

罪犯在服刑期间是可以与他人通信的,但是来往信件应当经过监狱检查。监狱发现有碍罪犯改造内容的信件,可以扣留。罪犯写给监狱的上级机关和司法机关的信件,不受检查。

这里要注意的是,法律允许的是信件来往,纸质的,而非电话、视频、微信、QQ等电子通信。

有人说，现代科技这么发达，是否能够与时俱进？这是管理层需要考虑的问题。现代科技应当利用起来，方便、快捷、环保，只是如何监管是个大课题。由于服刑人员毕竟是在服刑，服刑虽然包含教育，但最基本的还是惩罚。

罪犯在监狱服刑期间，按照规定，可以会见亲属、监护人。至于多长时间能够会见一次、在什么时间会见、每次会见时间有多长、一次能有几个人同时会见、会见要凭何手续等，要看每个监狱的规定。

罪犯收受物品和钱款，应当经监狱批准、检查。

服刑生活

罪犯的生活标准按实物量计算，由国家规定。罪犯的被服由监狱统一配发。对少数民族罪犯的特殊生活习惯，应当予以照顾。

罪犯居住的监舍应当坚固、通风、透光、清洁、保暖。

监狱应当设立医疗机构和生活、卫生设施，建立罪犯生活、卫生制度。罪犯的医疗保健列入监狱所在地区的卫生、防疫计划。

罪犯在服刑期间死亡的，监狱应当立即通知罪犯家属和人民检察院、人民法院。罪犯因病死亡的，由监狱作出医疗鉴定。人民检察院对监狱的医疗鉴定有疑义的，可以重新对死亡原因作出鉴定。罪犯家属有疑义的，可以向人民检察院提出。罪犯非正常死亡的，人民检察院应当立即检验，对死亡原因作出鉴定。

奖励惩罚

监狱都会建立罪犯的日常考核制度，考核的结果作为对罪犯奖励和处罚的依据。

罪犯有下列情形之一的，监狱可以给予表扬、物质奖励或者记功：

(一)遵守监规纪律,努力学习,积极劳动,有认罪服法表现的；

(二)阻止违法犯罪活动的；

(三)超额完成生产任务的；

(四)节约原材料或者爱护公物,有成绩的；

(五)进行技术革新或者传授生产技术,有一定成效的；

(六)在防止或者消除灾害事故中作出一定贡献的；

(七)对国家和社会有其他贡献的。

被判处有期徒刑的罪犯有前款所列情形之一,执行原判刑期二分之一以上,在服刑期间一贯表现好,离开监狱不致再危害社会的,监狱可以根据情况准其离监探亲。

罪犯有下列破坏监管秩序情形之一的,监狱可以给予警告、记过或者禁闭：

(一)聚众哄闹监狱,扰乱正常秩序的；

(二)辱骂或者殴打人民警察的；

(三)欺压其他罪犯的；

(四)偷窃、赌博、打架斗殴、寻衅滋事的；

(五)有劳动能力拒不参加劳动或者消极怠工,经教育不改的；

(六)以自伤、自残手段逃避劳动的；

(七)在生产劳动中故意违反操作规程,或者有意损坏生产工具的；

(八)有违反监规纪律的其他行为的。

依照前款规定对罪犯实行禁闭的期限为7天至15天。

罪犯在服刑期间有第一款所列行为,构成犯罪的,依法追究刑事责任。

其他权利

根据中国现行法律，罪犯在关押期间主要享有下列权利：

罪犯对人民法院的判决有申诉的权利。被移送到监狱服刑，都是在判决生效之后的事情。虽然判决已经生效，也有服刑人员对已经生效的判决仍然不服的：有的认为事实不清，有的认为法律适用错误，有的认为程序存在错误，等等。不管在服刑人员看来哪方面不对，服刑人员都有申诉的权利。

罪犯有在任何情况下人格不受侮辱、人身安全不受侵犯的权利。对监管工作人员刑讯逼供、体罚虐待等违法行为，罪犯有向人民检察院、人民法院、人民政府或其他机构揭发和控告的权利。

没有被剥夺政治权利的罪犯，有依法行使选举的权利。重刑犯一般会被剥夺政治权利，没有选举权和被选举权；但对于一般服刑人员，或者说大多数服刑人员，可能不会被剥夺政治权利。

罪犯有维持正常生活的权利，他们的吃、穿、住、用等物质生活条件由国家予以保障。

罪犯有维持身体健康的权利，罪犯享受免费医疗，每年定期接受健康检查，生病得到及时诊治。患有严重疾病的罪犯，有依法获得保外就医的权利。怀孕或正在哺乳自己婴儿的女罪犯，可接受监外执行。对于患有疑难病症的罪犯，监狱、劳改场所均邀请社会上的医学专家会诊或送社会医院诊治。

罪犯有受教育的权利。中国劳改机关为罪犯受教育创造了必要的条件，罪犯可以根据自己的文化程度接受正规的小学、初中教育，有条件的还可接受高中及高等教育。同时还可受到职业培训，为回归社会、自食其力打下基础。罪犯可以阅读报刊书籍、听广播、看电视，了解国内外大事，与外部社会保持一定联系。

罪犯有信仰宗教的权利。中国政府允许信教的罪犯在押期间保持原有的宗教信仰。

罪犯享有财产、继承等方面的民事权利。罪犯入狱前的合法财产，依法受到保护，罪犯有行使收益、处分的权利。罪犯依法享有继承权。罪犯在服刑期间的发明权、著作权，均受法律保护。罪犯有提出离婚的起诉权和不同意离婚的答辩权。

中国政府对未成年犯、女犯、老弱病残罪犯以及少数民族罪犯、外籍罪犯，在充分考虑他们的生理、心理、体力和生活习惯等方面特点的前提下，在生活、管理、劳动等方面给予不同于其他罪犯的特殊待遇。未成年犯关押在少年管教所。少管所贯彻"以教育改造为主，轻微劳动为辅"的方针，劳动属于习艺性质。监狱、劳改场所为有特殊饮食习惯的少数民族罪犯设有专门食灶。

劳动改造

中国的法律规定，凡是有劳动能力的罪犯，必须参加劳动；经过医生检查没有劳动能力和不宜参加劳动的老、弱、病、残罪犯不参加劳动。中国政府反对将劳动作为惩罚罪犯的手段，反对用繁重的劳动折磨、虐待罪犯。

把劳动作为对罪犯进行改造的一种手段，是世界许多国家通常的做法。许多国家的法律以及联合国的文件都对组织囚犯从事生产劳动提出了明确的要求。

将劳动作为改造罪犯的手段而不是作为惩罚罪犯的手段，在中国改造罪犯的实践中得到贯彻执行。

中国对组织罪犯从事生产劳动作出了一系列法律规定，在劳动时间，节假日的休息，粮油、副食品的供应以及劳动保护和保健等方面，享受与同类国有企业相同的待遇。

中国劳改机关除对不适宜参加生产劳动的罪犯免除劳动外，监管工作人员还随时调查、了解罪犯的身体状况，安排与罪犯身体承受能力相适应的劳动。女犯参加适合其生理、心理特点的劳动。少年犯只安排习艺性的劳动，实行半天劳动、半天学习的制度。

在劳动改造中，为罪犯提供文明、安全的劳动条件。在劳动保护和保健方面，中国每一个监狱、劳改场所都建有专门的安全制度和必要的安全设施，并配有专门的安全员经常进行监督、检查。监狱、劳改场所的安全、卫生、通风、光线等条件，都有明确的规定，并纳入劳改机关的工作考核内容。

中国强调要让罪犯在劳动改造中学会和提高生产技能，使罪犯看到重新做人的希望，将罪犯改造成为对现代化建设有用的新人。帮助罪犯学会和提高生产技能是中国劳改机关的一个重要考核指标。这对绝大部分罪犯在刑满释放之后都能够迅速就业，安心工作，避免重新犯罪起了重要作用。

对有一技之长的罪犯，中国劳改机关鼓励他们发挥特长为社会作出贡献。在中国，罪犯在管理部门的帮助下成为技术能手、生产骨干的事例是相当多的，成为发明家、艺术家的也不乏其例。

中国禁止劳改产品出口。中国的主管部门从来没有批准给予任何劳改单位以出口商品的经营权。1991年10月10日，中国经贸部、司法部又联合发出《关于重申禁止劳改产品出口的规定》。中国政府在这方面的做法是严肃的、认真的，对违反规定的，一经发现，即严肃处理。

◉拘留所

拘留所，是指行为人因违反《治安管理处罚法》而被限制人身自由一定时间的羁押场所。

由于社会上、老百姓将“刑事拘留”与“行政拘留”习惯性地简单称为“拘留”，以至于“拘留所”与“看守所”常有混淆。

事实上，两者大有不同，行政拘留相较于刑事拘留而言，适用的对象、法律依据、法律性质、目的、适用机关、羁押期限都截然不同，具体如下。

行政拘留

是公安机关根据《治安管理处罚法》对一般违法人员作出的行政处罚措施。其本身就是一种处罚。因此，该拘留都附有时间表，如拘留15天等；行为人被羁押的地方一般叫“××市拘留所”。

刑事拘留

是侦查机关根据《刑事诉讼法》的规定，对违反《刑法》的犯罪嫌疑人采取的临时性的限制人身自由的方法。其本身不是一种处罚，只是一种暂时性的强制措施。因此，该拘留不会附有时间表，亦即不会告知被拘留人将被拘留多少天。至于实际拘留时间要看侦查机关对案件的进展，但最长拘留时间为30天。行为人被羁押的地方一般叫“××市看守所”。

可以这样理解：涉嫌犯罪了，要被关到看守所去；仅一般违法，将被关到拘留所去。

被关到看守所了，是涉嫌犯罪了；被关在拘留所，说明尚是一般违法，还没有严重到犯罪的程度。

两者区别

(1)适用的对象不同。刑事拘留是侦查机关在侦查过程中，遇有紧急情况时，对触犯《刑法》，需要追究刑事责任的现行犯或者重大嫌疑分子所采取的临时限制人身自由的强制方法，比如杀人、抢劫、贪污、受贿等；适用危害行为较重的行为人。而行政拘留则主要针对违反《治安管理处罚法》，尚未构成犯罪的违法者，比如参与赌博、卖淫嫖娼等；适用危害行为相对比较轻的行为人。

(2)法律依据不同。刑事拘留依据《刑事诉讼法》《刑法》；行政拘留依据《治安管理处罚法》《行政处罚法》等行政法规。

(3)法律性质不同。刑事拘留不具有惩罚性，只是一种临时的保障性措施、强制措施行政拘留本身就是一种处罚。

(4)目的不同。刑事拘留的目的是保证刑事诉讼的顺利进行，而行政拘留是处罚和教育一般违法的人。

(5)适用机关不同。行政拘留只有公安机关才享有裁决权；而刑事拘留的决定权在公安机关和人民检察院，由公安机关执行。

(6)羁押期限不同。普通刑事拘留不得超过14日，对流窜作案，多次作案，结伙作案的重大嫌疑分子的拘留期限不得超过37日；而行政拘留的期限一般为10日以内，最长不超过20日。

(7)法律后果不同。刑事拘留先行拘留1日的可以折抵刑期1日；行政拘留是对违反治安管理处罚法的人的处罚。

(8)关于“案底”与“前科”。“案底”与“前科”，不是严格意义上的法律用语。以前执法不甚规范，司法机关内部可能也会有如此说法，但大多是社会上的流行语、大众的语言。

行为人由于违反《治安管理处罚法》而被行政拘留的一般不会留下前科，但行为人超过16岁再遭到行政拘留的，会在当地公安机关留下案底；如果5年内再次因违反《治安管理处罚法》而被处以行政拘留的处罚的，会加重处罚。行政拘留案底在公安机关长期保存，可以查询，对报考公务员以及特殊部门雇员的当事人的政审环节可能造成不利影响。

行为人由于违反《刑法》《刑事诉讼法》被判处拘役、有期徒刑、无期徒刑或者死刑缓期执行的会留有前科。有前科的人又犯新罪，如果符合累犯的条件，就构成累犯，要从重处罚。有某种前科的人不能担任某些职务。曾有违法行为，受过行政处罚的，不能视为有前科。

◎留置场所

留置，是《监察法》赋予监察委的一项权利，对符合一定条件的被调查对象“可以将其留置在特定场所”，且“监察机关应当保障被留置人员的饮食、休息和安全，提供医疗服务”。

由于留置是一个新生事物，而监察机关的“调查”又有点类似司法机关的“侦查”，因此，在司法实践中，有不同的理解。

原来，接受“双规”，一般在纪委的办案场所进行；被刑拘、逮捕，一般在看守所进行。

而现在，纪委、反贪等合署办公，职能均转为“调查”。

因此，有人建议：

(1)将原纪委的办案场所改建为留置场所；

(2)将看守所一部分改建为留置场所；

(3)新建统一规范的“留置所”。

由于《监察法》仅作了原则性规定：“留置场所的设置、管理和监督依照国家有关规定执行。”故，目前对于留置场所的设置，只能等待国家有关规定的出台。

第六章　走非上计:引渡与遣返

第一节　国外不是法外

◉引渡与遣返

有许多人,在国内犯了事,就想逃到国外,以为到了国外,中国的法律对其无可奈何。其实不然,世界上许多国家之间有引渡条约,有关于引渡的国际公约,也有国际刑警组织。

什么是引渡

引渡,是指一个国家应另一个国家的请求,把在其境内的、被外国指控为犯罪或判刑的外国人,移交给请求国审理或处罚的一种国际司法协助行为。

引渡以条约为依据。引渡的主体只能是国家,也就是说有权提起引渡的只能是国家。这些国家主要有以下三类:

(1)罪犯本人所属国;

(2)犯罪行为发生地国;

(3)受害国。

引渡的理由是某人被某国指控为犯罪或判刑的。

政治犯不引渡，但政治犯越来越少

这里讲的“犯罪”主要是指刑事犯罪，当然包括经济类犯罪，因为，经济犯罪只是刑事犯罪的一种。提出刑事犯的概念，主要是为了区别政治犯。对于政治犯，一般不引渡。主要是考虑一些政治避难人士回国后可能遭到政治迫害。

对于政治犯的概念，各国认识也不一致。由于每个国家的政治体制不一样，且政治问题可能涉及两国之间的双边关系，因此，引渡一般只适用于刑事犯。

政治犯不引渡原则，现在已成为各国公认的国际法原则。但各国对政治犯的界定并不一致，由于属地管辖权的原则，被请求国可以自由决定是否引渡。

引渡很大程度须考量两国关系。对于一个罪犯或犯罪分子，是否需要按条约被引渡，是否属于政治犯的认定，很大程度上取决于两国的关系。而这种两国关系的考量，有可能是政治需要，也有可能是经济需要。引渡，从历史时间来看，有从“看重政治因素”逐渐转向“看重经济因素”的端倪、趋势。现在世界上，大多国家“以经济建设为中心”，很少有国家纯粹“吃政治饭”。因此，当一个高官或经济大亨涉嫌犯罪需要引渡时，被请求国考虑更多的可能是两国之间的经济关系，而非政治关系，也就是说政治关系的考量不是第一位的。因为两个国家之间的关系，不可能因为一个“政治庇护”请求而“翻脸”。

政治庇护

1967年12月14日联合国大会通过的《领土庇护宣言》认为，对个人予以庇护是国家“行使主权”，“庇护之给予有无理由，应由给予庇护之国酌定之”。给予庇护的权利是国家从它的属地优越权引申出来的。一国在其本国领土内对所有的人都有管辖和保护的权利。一个被追诉或追捕的人,一旦进入另一国家的领土,就处于所在国的管辖之下,追诉或追捕他的国家就不能在其所在国领土范围内继续进行追诉或追捕。

虽然一个国家有给予他人“政治庇护”的权利,但并不是每一个人都能提出申请,也就是申请庇护要有正当的申请理由、符合申请的条件。

要成功地申请政治庇护,申请人应能证明:

(1)申请人过去曾受过迫害,或确实恐惧会受到迫害(Well-Founded Fear);

(2)所受迫害是基于种族、宗教、国籍、隶属某社会团体或政见。

引渡的效果:请求引渡国即可根据其法律对罪犯进行审判,但是,根据罪名特定原则,对该罪犯,请求国只能就其请求引渡时所指控的罪名加以审判和处罚。

中国是立有关于引渡的法律的国家。2000年12月28日,第九届全国人民代表大会常务委员会第十九次会议通过《中华人民共和国引渡法》。其主要内容规定了引渡的原则、引渡的提出、引渡的审查、引渡的执行等。

中国与哪些国家签订有引渡条约?

可能很多人关心的是中国与哪些国家签订了引渡条约。

1993年,中国与泰国签署引渡条约,这是中国签署的第一个引渡条约。

据笔者的统计,截至2019年1月,中国已经与55个国家签署了引渡条约。

需要特别说明的是,两国之间签订了引渡条约,对于刑事犯的引渡就比较容易,一般均能引渡成功,且时间方面也会迅速。但两国之间如果没有签订引渡条约,并不等于就不能引渡,还可以遣返。无非遣返是针对个案进行、临时进行,可能花费的时间成本、经济成本大些。

什么是遣返?

那么,引渡与遣返,有何不同?为什么对有的人讲是引渡,而对一些人说的是遣返?两者从本质上讲没有实质性的区别,都是将涉嫌犯罪的人移交给有权国进行司法处置。真要讲两者的区别,那就在于:

引渡,发生在两个签订有关引渡内容的条约约定的国家之间;

而遣返,发生在两个没有签订有关引渡内容的条约约定的地区之间。

换句话说,遣返是没有条约的引渡,其所谓的遣返,是在两个没有事先约定,而是临时就某个个案开始谈判的国家或地区之间进行的。

引渡与遣返将是一种常态

对于提出的引渡与遣返的申请,是否能够接受,关键在于提出申请方的实力。

随着中国的崛起与强大,世界各国对中国政府的要求将会更加重视。中国正在成为一个对世界具有重大影响力的国家,其外交实力也日益显现。因此,对于中国政府提出的引渡申请,其他国家一般是同意的。

党的十八大以来，中国掀起新一轮反腐高潮。近来时有听闻外逃的贪腐官员被缉拿归国。来自最高检察院的数据：2008年至2013年的5年间，共抓获外逃贪污贿赂犯罪嫌疑人6694名。

《北京反腐宣言》

2014年亚太经合组织（APEC）第26届部长级会议通过了《北京反腐宣言》。

2014年8月13日，由中国监察部主办的亚太经合组织反腐败工作组第19次会议，审议并通过了《亚太经合组织反腐败执法合作网络（ACT-NET）职权范围》等文件。这意味着，由中国主导推动的国际反腐败执法合作网络架构基本成形。

“国际反腐日”中纪委开通网上国际追逃专栏

12月9日是国际反腐败日。2014年12月，中央纪委监察部网站开通专栏，欢迎海内外人士对逃往国（境）外的党员和国家工作人员，及其涉嫌向国（境）外转移违法违纪资产等线索进行如实举报。

在中纪委官网首页，有一个“12388举报”的图标，点击进入后有“反映反腐败国际追逃追赃问题”特别入口，举报内容分为“举报人信息”“被举报人信息”“举报正文”“上传附件”四部分。“举报人信息”中，姓名、住址等内容可选择性填写，而“被举报人信息”的姓名、职务、单位、级别、所在地等都是必填项。这意味着举报人可以匿名举报。

第二节　全球鹰眼

◎国际刑警组织

国际刑事警察组织(International Criminal Police Organization,缩写INTERPOL),简称国际刑警组织(ICPO),成立于1923年,专门调查及打击跨境罪案。

国际刑警组织是除联合国外,规模第二大的国际组织,也是全球最大的警察组织,总部设于法国里昂。

截至2019年3月,成员数量为194个,其运作资金由成员拨出。

国际刑警组织需保持政治中立,它并不会介入任何政治、军事、宗教或种族罪行,也不会介入非跨国罪案。它的目标是以民众安全为先,主要调查恐怖活动、有组织罪案、毒品、走私军火、偷运人蛇、清洗黑钱、儿童色情、高科技罪案及贪污等罪案。

国际刑警组织是保证和促进各成员刑事警察部门在预防和打击刑事犯罪方面的合作的组织。它的主要任务是汇集、审核国际犯罪资料,研究犯罪对策;负责同成员方之间的情报交换;搜集各种刑事犯罪案件及罪犯指纹、照片、档案;通报重要案犯线索、通缉追捕重要罪犯和引渡重要犯罪分子;编写有关刑事犯罪方面的资料等。

协助成员侦查罪犯是国际刑警组织的一个重要合作领域。这种执法合作通常是以"国际通报"(即"国际通缉令")这一渠道进行的。

国际刑警组织要犯通报分为7个等级,分别为:

红色通报(Red Notice),蓝色通报(Blue Notice),绿色通报

(Green Notice),黄色通报(Yellow Notice),黑色通报(Black Notice),橙色通报(Orange Notice),白色通报(White Notice)。

红色通报、蓝色通报、绿色通报、黄色通报、黑色通报这五种类型都以通报左上角的国际刑警徽的颜色而得名。其中,红色通报俗称“红色通缉令”。不过,国际刑警组织在红色通报下加以标注“这些要犯在被司法宣判有罪之前,都视同无罪”,表示被通缉的要犯需在审判后才能定罪。

红色通报(Red Notice)——“红色通缉令”是国际刑警组织最著名的一种国际通报。它的通缉对象是有关国家或地区的法律部门已发出逮捕令、要求组织成员引渡的在逃犯。各有关部门可据此通报立即逮捕在逃犯。红色通缉令被公认为是一种可以进行临时拘留的国际证书。无论哪个成员接到“红色通缉令”,应立即布置警力予以查证;如发现被通缉人员的下落,就迅速组织逮捕行动,将其缉拿归案。

蓝色通报(Blue Notice)涉及的是犯罪嫌疑人,要求成员警方予以查明,获取证据。

绿色通报(Green Notice)涉及危险的惯犯分子,提醒各成员警方引起注意并加以预防。

黄色通报(Yellow Notice)涉及失踪人员的信息。

黑色通报(Black Notice)涉及死者尸体,要求识别身份。

橙色通报(Orange Notice) 涉及有关国家或地区通报某重大犯罪案件或特殊犯罪手段的情况。国际刑警组织的橙色或红色通报本身不是逮捕令,但发布的目的在于协助各国追踪非法资产或某国要求引渡的嫌犯。(国际刑警组织2011年3月4日对利比亚领导人卡扎菲及其15名亲信发出全球“橙色通报”。)

白色通报(White Notice)涉及将有关国家或地区收藏的文物

或艺术品被盗的情况通报有关国家并请求协助查找。

中国的加入

1984年9月5日，在卢森堡举行的第53届国际刑事警察组织年会上，中国被正式接纳为该组织的成员。同年11月，“国际刑警组织中国国家中心局”在北京成立，担负着对外联络和打击走私、贩毒、伪造国家货币、国际恐怖活动和国际诈骗等国际性犯罪的任务。

1986年和1995年，国际刑警组织又分别在广州和上海设立了联络处。

第三节　追逃在路上

◎猎狐行动

风起2014

党的十八大以后，高层决意反腐。由此拉开了“猎狐行动”的序幕。

2014年1月中旬，中国共产党第十八届中央纪律检查委员会第三次全体会议在北京召开。会议指出：“不能让外国成为一些腐败分子的‘避罪天堂’。腐败分子即使逃到天涯海角，也要把他们追回来绳之以法，5年、10年、20年都要追，要切断腐败分子的后路。”

2014年3月中旬，中央纪委公布的内部机构调整中，将外事局与预防腐败室整合为“国际合作局”。外界分析，此次机构调整旨在加大国际追逃力度。

2014年3月份，最高人民检察院下发《关于进一步加强追逃追赃工作的通知》，强调建立和完善在逃职务犯罪嫌疑人信息数据库，无论犯罪嫌疑人逃到哪里，也无论逃了多长时间，检察机关都要坚持不懈地将他们缉捕归案，决不允许任何人逍遥法外。

2014年5月29日，中央纪委又召开中央国家机关有关部门国际追逃追赃工作座谈会，参会机关包括最高人民法院、最高人民检察院、公安部、国家安全部、外交部等。会议认为：追逃追赃是反腐败工作的重点任务之一，是遏制腐败蔓延的重要手段。

行动开始

2014年7月22日，公安部召开电视电话会议，部署中国公安机关从即日起至2014年底，开展"猎狐2014"缉捕在逃境外经济犯罪嫌疑人专项行动。

2014年9月26日，最高人民检察院召开全国检察机关职务犯罪国际追逃追赃专项行动部署会议，决定从即日起开展为期半年的职务犯罪国际追逃追赃专项行动，集中追捕潜逃境外的职务犯罪嫌疑人。最高检要求各级检察机关尽最大努力将潜逃境外的职务犯罪嫌疑人绳之以法，最大限度运用法律武器追缴赃款，坚决维护法律权威，有力打击和震慑犯罪分子。

机构设置

2014年10月，"中央反腐败协调小组"设立"国际追逃追赃工作办公室"，建立起国际追逃追赃工作协调机制。中央纪委副书记、监察部部长黄树贤任该办公室负责人。

中央反腐败协调小组负责统筹协调国际追逃追赃工作，统一研究反腐败追逃追赃政策措施和工作计划；综合分析外逃案件信息，组织开展重点个案追逃追赃；推动建立追逃追赃国际合作网络；协调和督促追逃追赃的有关基础工作；研究解决追逃追赃工作中的重大问题。中央反腐败协调小组设立国际追逃追赃工作办公室作为办事机构（具体工作由中央纪委国际合作局承担），办公室成员由与追逃追赃工作密切相关的中央纪委、最高法、最高检、外交部、公安部、国家安全部、司法部、人民银行等单位负责同志组成。各单位按照中央反腐败协调小组的统一部署和职责分工开展工作。

国际合作

1993年，中国与泰国签署引渡条约，这是中国与外国签订的第一项双边引渡条约。

国际刑警组织是除联合国外，规模第二大的国际组织，也是全球最大的警察组织。

中美之间没有引渡条约，所以中美追逃主要是通过遣返非法移民的方式。

中国和澳大利亚的双边引渡条约尚未生效（霍华德政府曾于2007年在该条约上签字，但澳议会从未予以批准），中国和加拿大之间没有引渡条约。但是，中国、澳大利亚、加拿大三个国家都是《联合国反腐败公约》《联合国打击跨国有组织犯罪公约》成员，这些公约里面有引渡条款，中国可以援引国际公约的引渡条款开展合作。

追逃方式

1. 引渡；
2. 遣返；

3. 异地追诉；

4. 劝返；

5. 红色通缉令。

引渡是海外追逃最主要的司法合作方式。

引渡条约能为境外追逃提供渠道保障。

在没有引渡条约时，可以援引多边公约来开展引渡合作。

劝返回国

引渡、遣返、异地追诉等形式，其处理时间长、手续烦琐，而且面临很多限制；相比之下，劝返则更加高效。

由于在引渡经济犯罪嫌疑人时，往往面临政治、司法等障碍，就产生了一些替代措施，主要有遣返、异地追诉等。

遣返通常是以违反移民法规为由，将经济犯罪嫌疑人作为非法移民遣返回原籍。

异地追诉是引渡的另一种替代手段，由中国主管机关向逃犯躲藏地国家的司法机关提供该逃犯触犯该外国法律的犯罪证据，由该外国司法机关依据本国法律对其实行缉捕和追诉。在中国银行开平支行特大贪污案逃犯的追逃过程中，异地追诉就发挥了重要的作用。

劝返是具有中国特色的引渡替代手段，是说服外逃人员自愿回中国投案。

红色通缉令

截至2014年11月1日，国际刑警组织针对中国籍嫌疑人发布的红色通缉令有160个。这些被通报的人员中，包括有组织犯罪、黑社会组织等犯罪嫌疑人，也包括诈骗、贪污腐败等案件的犯罪嫌疑人。

支持中国"猎狐",外方可分享追赃

2013年,中国与加拿大谈判完成"分享和返还被追缴资产协定",成为中国就追缴犯罪所得对外谈判的第一项专门协定。

中加签署的该协定主要包括两方面内容:资产返还,比如被贪污、挪用的国有资产,被挪用、诈骗的企业和个人财产,如果能证明合法所有人,可被返还;资产分享,如走私、贩毒获得的赃款,没有或无法认定合法所有人,缔约一方可在没收后,与另一缔约方按一定比例分享。

跨国反腐面对的主要难题包括"死刑不引渡"等司法障碍、政治庇护,还有跨国追赃难题。此前虽然成功引渡回国部分潜逃人员,但其带出国境的大量资产并没有随之回国。中加这个协定将破解跨国追赃难题,为跨国追赃合作树立"样板"。

澳大利亚《犯罪收益追缴法》中有"资产分享"的规定,根据该法规,在帮助其他国家成功追缴资产后,澳方有权对被没收的资产实行分享。不过,澳大利亚法律没有明确规定被没收资产的分享比例,分享额度取决于很多因素,如请求国提供证据材料的分量、犯罪行为所造成的损失等。

资产分享协定已被中央反腐败协调小组国际追逃追赃工作办公室列为工作重点。

分享是国际惯例。美国、欧盟、日本、新加坡等国都与其他国家签署了类似协议。

合作追赃,将考验中国的取证能力。如果赃款是通过洗钱方式转移到国外,首先就要确认这些赃款是犯罪所得,而且是发生在中国的商业犯罪。这些材料需要中方提供。

如果不提供材料，外逃经济犯罪嫌疑人已经在澳大利亚购置了房产，按照澳大利亚法律做了房产登记，澳方会认为这些资产是合法所得，就不能随便没收这些房产。只有中方提供证据，证明外逃经济犯罪嫌疑人购置房产的资金来源于违法犯罪行为，澳方才能采取法律措施。

“猎狐”意义

“猎狐2014”行动，主动出击、创新战法、坚持缉捕与劝返同步开展，不仅取得境外追逃工作新突破，也必然形成巨大的震慑力，无论是在逃境外经济犯罪嫌疑人还是其他贪官，都将惶恐难安。

从“打虎”到“猎狐”，中国的系列反腐、境外追逃行动，显然不会是一场过境风暴。有心人应该不难注意到，巡视、举报、追逃之外，伴随众多高级官员相继落马、在逃境外经济犯罪嫌疑人伏法的，是诸多致力于“扎紧篱笆”“将权力关进笼子”“深化国际警务合作”的政策和举措，这些政策、举措均指向一个目标——反腐、抓逃制度化和常态化。

如此下大力气的反腐、抓逃，不仅仅是为了抓几个贪官和经济罪犯，肃清官场，整顿吏治，彰明法律，其根本目的在于打破旧的利益格局羁绊，除却旧有痼疾，建立起有利于中国社会经济发展的新型社会治理体系。可以看见，反腐败铁拳落下之时，司法体制改革、行政审批制度改革、国企央企薪酬制度改革、高考制度改革等等，触动深层利益格局的改革亦在同步推进，改革广度和深度前所未有。反腐、抓逃是中国变革、发展的内在需求，新一届领导集体致力于将中国引向“复兴之路”，反腐、抓逃自然不会限于扬汤止沸，而是要有腐必除、有逃必抓、釜底抽薪。

2014年，中国的反腐败斗争进入一个新的里程碑——不但

“打老虎”持续发力，“拍苍蝇”坚定不移，而且在海外“猎狐”的国家行动中取得历史性突破。

2014年11月8日，亚太经合组织第26届部长级会议在北京闭幕。会议通过了由中国政府主导的《北京反腐败宣言》，并成立亚太经合组织反腐执法合作网络(ACT–NET)，旨在加强亚太地区追逃追赃等方面的国际合作，携手打击跨境腐败行为。中国和美国为反腐合作网络的联合主席，秘书处设在中国。

2015年发布“百名红通”

2015年4月22日，中国公安部向国内外发布“红色通缉令”。100名涉嫌犯罪的外逃国家工作人员、重要腐败案件涉案人员“光荣上榜”，是为“百名红通”。

其中，浙江省建设厅原副厅长、温州市原副市长杨秀珠名列榜首，被称为“百名红通”1号人员。

2003年4月20日，时任浙江省建设厅副厅长的杨秀珠秘密潜逃境外。

2016年11月16日，杨秀珠从美国被劝返回国投案自首。

经审理查明：1996年12月至1999年5月，被告人杨秀珠利用担任温州铁路房地产开发有限公司董事长、温州市市长助理、副市长、浙江省建设厅副厅长等职务上的便利，以非法占有为目的，侵吞公款共计人民币1904万元；为请托单位和个人谋取利益，收受财物共计折合人民币735万元。

2017年10月13日，浙江省杭州市中级人民法院公开宣判“百名红通”1号人员杨秀珠贪污、受贿案，对被告人杨秀珠以贪污罪判处有期徒刑六年，并处罚金人民币五十万元；以受贿罪判处有期徒刑五年，并处罚金人民币三十万元；决定执行有期徒刑八年，并处罚金人民币八十万元;追缴杨秀珠贪污、受贿所得人民币二千六百三十九万九千四百五十五元。

一审判决后,杨秀珠没有上诉。

“猎狐行动”重要战果

2014年	缉捕290名,自首390名 金额过亿74名,外逃最长22年
2015年	缉捕477名,自首366名 金额过亿58名,外逃最长21年
2016年	缉捕951名,其中“百名红通”19名
2017年	缉捕1300名,其中“百名红通”14名
2018年	缉捕1335名
2019年	缉捕1841名

截止到2019年9月,“百名红通”人员已有60名归案。

2018年再公布50名外逃线索

2018年6月6日,中央追逃办发布公告,向社会各界公开了50名涉嫌职务犯罪和经济犯罪的外逃人员有关线索。

这50人中,有32人为“百名红通”人员。其中,有15人在2017年公布藏匿线索的22名外逃人员名单中。

至此,“百名红通”人员已有52人归案,剩下48人尚未归案。

尚未归案的48人中有46人逃往美国、加拿大、澳大利亚和新西兰,不少外逃人员外逃时间长,甚至还取得了当地合法身份,追逃难度相对较大。这从一个角度说明,越往后啃的骨头越硬。

中央追逃办有关负责人表示,尽管如此,中央有逃必追、一追到底的决心不会变,此次公布50名外逃人员有关线索,就是要向社会各界表明，只要有一人尚在外逃，反腐败国际追逃追赃工作就不会鸣金收兵。

第四节　国外银行也不一定保险

◎瑞士银行

瑞士国土面积只有4万多平方公里，人口800多万，但其管理着全球约三分之一的私人财产。这主要得益于其在全球享有崇高信誉的银行业。其银行业之所以能够如此受到全世界有钱人的青睐，是因为其有“极其严格的保密制度”，不会泄露客户一丝一毫的秘密。这成为瑞士银行的“金字招牌”，其成为全球信誉、安全“排名第一”的银行，数百年来一直头顶如此光环。

“瑞士银行”不是一家具体的银行名称

日常中人们所说的“瑞士银行”，只是对所有瑞士银行的统称。瑞士没有一家银行叫作“瑞士银行”。严格来讲，我们不能称之为“瑞士银行”，而应当称之为“瑞士的银行”。但习惯使然，我们一直简洁地称之为“瑞士银行”。

根据资料，在2008年时瑞士拥有327家银行和证券机构，分支机构5000多个，平均1400多人就有一家银行办事机构。瑞士国民银行的数据显示，作为全球最大的离岸金融中心，瑞士银行业管理的离岸资产高达2.2万亿美元，超过三分之一的国际私人财富现由瑞士管理，每年收益高达140亿欧元，超过瑞士银行系统全部利润的一半，接近瑞士国内生产总值的5%。

下面四家银行是瑞士最有代表性的：瑞银集团（UBS）、苏黎世州银行(Zurich Cantonal Bank)、瑞士信贷第一波士顿银行(Credit Suisse First Boston)和瑞士瑞信银行(Credit Suisse)。

保密制度及其起源

瑞士银行标榜：从你踏入银行的那刻，你与银行发生的一切行为都是你的秘密。你何时来、何时走、开了什么账户等，都是你的秘密，我们都将为你保密，哪怕你最后没有开户。同样，即便在你取消了账户之后，你的个人信息仍然是一个秘密，整个过程密不透风，只要你没有触犯刑事法律，这些秘密会烂在银行里。

16世纪，随着基督教加尔文教派的兴起，大量受迫害的新教徒从法国和意大利逃到日内瓦，这些新教徒也带来了大量金钱，交给日内瓦银行家打理。

为了避免泄漏客户财政状况，银行家们逐步建立起保密制度。

1713年，日内瓦会议制定了银行法，规定了银行人员有责任记录客户信息，但是禁止将客户的信息透露给其他人。

1789年，欧洲大陆爆发了急剧的社会变革和革命，拥有保密法的瑞士遂成为政治改革受害者政治和金融的避难所。

法国国王路易十六、拿破仑也曾是瑞士银行家的服务对象。

1933年，德国纳粹政府颁布了一系列严刑酷法，要求德国公民必须交代自己在外国的所有资产，如果被发现作假或是拒绝交代，后果就是死刑。

一年之内，就有三个德国人因在瑞士拥有银行账号而被处死。三条人命给了瑞士充分的理由来加强银行保密法。

1934年，这个仅在银行界流传的职业守则最终成了瑞士的法律。

著名的保密法第47条

瑞士当局于1934年颁布的《联邦银行法》,其著名的47条明确规定:

1. 任何银行职员,包括雇员、代理人、清算人、银行委员会成员、监督员、法定审计机构人员,都必须严格遵守保密原则,保守其与客户往来情况及客户财产状况等有关机密。上述人员,包括引诱银行职员泄漏客户和银行信息的第三人,都将面临6个月到5年的监禁,以及最高5万法郎的罚款。

2. 如是因为疏忽而泄漏客户和银行信息,将酌情处罚,罚金不超过3万法郎。

3. 保密协议终身生效。不因为银行职员离职、退休、解雇而失效。

后来,各银行为加强保密,普遍采用了密码账户、化名代号等管理方式,即存户只在第一次存入时写真实姓名,尔后便把户头编上代码。

为了替储户严格保密,在苏黎世和日内瓦有116家专门办理秘密存储业务的银行——这还不算各大银行内设的私人储存窗口。在这些银行里,不准拍照,不讲姓名,有些甚至不设招牌,只标有经营者的名字。而且,办理个人秘密户头的职员要绝对可靠,大都是子承父业,世代相传,经过学徒制度的良好职业教育。因此,他们为个人利益,不敢以身试法,泄露秘密,否则将被绳之以法。

"保密"惹非议

一战和二战期间,瑞士均保持中立。

尤其在二战期间,由于特殊的中立国地位,瑞士成为纳粹德国和其他国家进行黄金交易的主要地点，各国纷纷向瑞士央行买卖黄金，以换取硬通货瑞士法郎。瑞士央行没有严格审查或没有审查其黄金的来源，从中赚取巨额差价。据称，当时纳粹德国的帝国银行90%的黄金交易就通过瑞士央行进行。纳粹通过战争掠夺来的巨额财产，也有相当一部分存在瑞士银行。

二战结束前，瑞士冻结了纳粹德国的账户。1945年，盟军要求瑞士归还纳粹德国存在瑞士银行中的估计价值5亿多美元的黄金。但是瑞士与盟军方面未达成一致，前者否认纳粹黄金有如此之多。由于随后美苏交恶，冷战随之开始，西方不但需要瑞士严守中立立场，而且需要瑞士帮助进行欧洲战后重建工作，于是在纳粹黄金的问题上不了了之，以接受瑞士大约6000万美元的还款而告终。

这一事件是瑞士实行银行保密法之后，瑞士银行在捍卫自己利益上取得的重大胜利，银行保密法也因此成为瑞士银行业延揽外国资产的重要法宝。

众多外国政要，甚至是黑帮头目，都将正当或者来路不明的资产存在瑞士银行，从而避过本国税务部门的耳目。

“9·11”袭击事件以后，美国要求各国提供司法协助，以帮助其追查恐怖分子之间的金钱往来。虽然瑞士同美国进行了积极的合作，冻结了多个可疑账户，但美国仍然视瑞士的银行保密制度为眼中钉，认为这项制度阻碍了其进一步开展调查。在瑞士与欧盟进行双边谈判的过程中，欧盟曾多次要求瑞士废除银行保密制度，实现金融信息共享，以防止欧盟国家居民逃税。

《多边税收征管互助公约》

2014年5月16日，在巴黎举行的经济合作与发展组织（经合组织)年度部长理事会上,迫于各方面的压力,作为经济合作与发展组织成员国的瑞士,终于与其他46个国家签署了关于实施银行间自动交换信息的标准《税务事项信息自动交换宣言》,加入《多边税收征管互助公约》。这就意味着,瑞士在有近百年历史的银行保密传统方面终于作出妥协,除了储户、银行之外,各国相关机构亦有权力去查询本国人在瑞士银行的户头了。

在此之前,全球已有60多个国家承诺或签署《多边税收征管互助公约》。这一公约旨在通过开展情报交换、税款追缴等国际税收征管协作,打击跨境逃、避税行为。这份文件的签署意味着作为世界最大的离岸金融中心瑞士,将告别几百年来坚持保护银行客户隐私的做法,自动向其他国家交出外国人账户的详细资料。瑞士政府表示,协议凸显出瑞士整治税务欺诈和逃税的决心。有分析人士指出,随着经合组织成员、传统"避税天堂"瑞士和作为国际重要离岸金融中心的新加坡加入这一标准,银行保护客户隐私的传统可能终结。

但分析指出,执行这项新标准并不意味着瑞士不再为外国账户保密,具体实施将面临诸多问题,瑞士银行业离告别保密传统还很远。

中国是该《公约》签字国。

《追回被窃资产倡议》

2007年9月17日,联合国毒品和犯罪问题办公室和世界银行联合发起倡议,即《追回被窃资产倡议:挑战、机会和行动计划》,旨在帮助发展中国家追回被腐败的领导人和官员窃取的国家资产,并将这些资产用于发展项目投资。

倡议面世的第二天,瑞士就马上发表声明表示愿意与联合国和世界银行合作,共同帮助发展中国家追回被腐败官员窃取的国家资产。“瑞士政府和银行业不会为被窃取的国有资产提供避难所,将通过透明而有效的操作,确保那些资产不进入瑞士的银行金融体系,并通过恰当的方式将这些资产返还其所属的国家。”声明说道。

瑞士是第一个在《追回被窃资产倡议》上签字的国家。

2010年10月1日,瑞士议会又通过了《违法资产归还法》,赋予瑞士联邦委员会冻结有争议性资产的权力。

此外,联合国有《打击跨国有组织犯罪公约》和《反腐败公约》两份公约,明确了非法所得的辨认、追查、冻结、扣押、没收和追回等程序。一个国家的统治者作为“公职人员”,如果其资产是不义之财,就可能成为上述条约的适用对象。

中国亦是这两个公约的签约国之一。

图书在版编目(CIP)数据

爱财有道：公职人员刑事法律风险防范 / 姚建彪著.--杭州：浙江大学出版社，2021.2

ISBN 978-7-308-20587-0

Ⅰ.①爱… Ⅱ.①姚… Ⅲ.①职务犯罪—预防犯罪—基本知识—中国 Ⅳ.①D924.304

中国版本图书馆 CIP 数据核字(2020)第174868号

爱财有道

公职人员刑事法律风险防范

姚建彪 著

策划编辑 卢 川
责任编辑 杨利军
文字编辑 黄梦瑶
责任校对 汪淑芳 郑孝天
封面设计 周 灵
出版发行 浙江大学出版社
(杭州市天目山路148号 邮政编码310007)
(网址：http://www.zjupress.com)
排 版 杭州朝曦图文设计有限公司
印 刷 杭州高腾印务有限公司
开 本 880mm×1230mm 1/32
印 张 9.375
字 数 217千
版 印 次 2021年2月第1版 2021年2月第1次印刷
书 号 ISBN 978-7-308-20587-0
定 价 42.00元
